“十二五”国家重点图书出版规划项目

中国企业行为治理研究丛书

公 司 治 理 卷

家族企业IPO后的治理结构演变研究
——基于制度理论的分析

梅 琳 著

浙江工商大学出版社 | 杭州
ZHEJIANG GONGSHANG UNIVERSITY PRESS

图书在版编目(CIP)数据

家族企业 IPO 后的治理结构演变研究：基于制度理论的分析 / 梅琳著. —杭州：浙江工商大学出版社,2018.11
(中国企业行为治理研究丛书)
ISBN 978-7-5178-2002-4

Ⅰ. ①家… Ⅱ. ①梅… Ⅲ. ①家族－私营企业－企业管理－研究－中国 Ⅳ. ①F279.245

中国版本图书馆 CIP 数据核字(2016)第 324124 号

家族企业 IPO 后的治理结构演变研究——基于制度理论的分析
JIAZUQIYE IPO HOU DE ZHILIJIEGOU YANBIAN YANJIU
JIYU ZHIDULILUN DE FENXI

梅 琳 著

责任编辑	谭娟娟
封面设计	林朦朦
责任印制	包建辉
出版发行	浙江工商大学出版社
	(杭州市教工路 198 号 邮政编码 310012)
	(E-mail:zjgsupress@163.com)
	(网址:http://www.zjgsupress.com)
	电话:0571 - 88904980,88831806(传真)
排 版	杭州朝曦图文设计有限公司
印 刷	虎彩印艺股份有限公司
开 本	710mm×1000mm 1/16
印 张	12.75
字 数	201 千
版 印 次	2018 年 11 月第 1 版 2018 年 11 月第 1 次印刷
书 号	ISBN 978-7-5178-2002-4
定 价	39.00 元

本著作是以下项目资助成果：

◎ 浙江省自然科学基金"基于制度合法性视角的家族企业权威配置与代际传承研究"(编号 LQ16G020001)

◎ 教育部人文社科基金项目"权威配置、合法性与家族企业治理结构演化研究"(编号 16YJC630088)

◎ 浙江省哲学社会科学规划课题(浙商研究中心)"基于制度合法性视角的家族企业权威配置与代际传承研究——以浙江省为例"(编号 15JDZS02YB)

总　序

　　企业是社会发展的产物,随着社会分工的开展而成长壮大。作为现代经济中的基本单位,企业行为既是微观经济的产物,又是宏观调控的结果。就某种意义而言,企业行为模式可被看成整个经济体制模式的标志。

　　从社会学的研究来看,人类社会的发展史就是一部社会变迁的进步史,社会变迁是一个缓慢的过程,而转型就是社会变迁当中的"惊险一跳",意味着从原有的发展轨道进入新的发展轨道。三十多年来,我们国家对外开放、对内改革,实质上就是一个社会转型的过程。这一时期,从经济主体的构成到整个经济社会的制度环境都发生了巨大变迁,而国际环境也经历着过山车般的大起大落。"十一五"末期,国际金融海啸来袭,经济急速下滑,市场激烈震荡,其对中国经济、中国企业的影响至今犹存。因此,国家将"十二五"的基调定为社会转型。这无疑给管理学的研究提供了异常丰富的素材,同时也给管理学研究者平添了十足的压力。

　　作为承载管理学教学和科研任务的高校,如何在变革的时代有效地发挥自身的价值,以知识和人才为途径,传递学者对时代呼唤的响应,是一个非常值得思考的论题。这个论题关系到如何把握新经济环境下企业行为的规律,联系产业特征、地域特点,立足当下,着眼未来,为企业运营、政府决策提供有力的支持。

　　在国际化竞争和较量的进程中,中国经济逐渐显现出一种新观念、新技术和新体制相结合的经济转型模式。这种经济转型模式不仅是中国现代经济增长的主要动力,而且将改变人们的生产方式和生活方式,企业则是这一过程的参与者、推动者和促成者。因此,企业首先成为我们管理学研究者最为关注的焦点。在经济社会重大转型这一背景之下,一方面由于企业内部某种机理的紊乱,以及转轨时期企业目标的交叉连环性和多元性,另一方面由于外部环境的不合理作用,企业行为纷繁复杂,既有能对经济社会产生强劲推动作用的长远眼光,也存在破坏经济社会可持续发展的短视行为。随着经济和社会的进步,企业不仅要对营利负责,而且要对环境负责,并需要承担相应的社会责任。总体而言,中国企业在发展中面临许多新问题、新矛盾,部分企业还出现生产经营困难,这些都是转型升级过程中必然出现的现象。

"转型"大师拉里·博西迪和拉姆·查兰曾言:"到了彻底改变企业思维的时候了,要么转型,要么破产。"企业是否主动预见未来,实行战略转型,分析、预见和控制转型风险,对于转型能否成功至关重要。如果一个企业想在它的领域中有效地发挥作用,行为治理可以涉及该企业将面临的更多问题;而如果企业想要达到长期目标,行为治理可以为其提供总体方向上的建议。在管理学研究领域,行为治理虽然是一个全新的概念,却提供了一个在新经济环境下基于宏观、中观、微观全视角来研究企业行为的良好开端。

现代公司制度特指市场经济中的企业法人制度,其特点是企业的资产所有权与资产控制权、经营决策权、经济活动的组织管理权相分离。于公司治理而言,其治理结构、方式等的选择和演化不仅受到自身条件的约束,同时还受到政治、经济、法律和文化等外部制度环境的影响。根据North(1990)的研究,相互依赖的制度会构成制度结构或制度矩阵,这些制度结构具有网络外部性,并产生大量的递增报酬。这使得任何想改善公司治理的努力都会受到其他制度的约束,从而使公司治理产生路径依赖。在这种情况下,要想打破路径依赖,优化治理结构,从制度设计角度出发进行行为治理,便是一个很好的思路。

此外,党的十八届四中全会提出"实现立法和改革决策相衔接,做到重大改革于法有据,立法主动适应改革和经济社会发展需要"的精神,而《中华人民共和国促进科技成果转化法修正案(草案)》的通过,则使促进科技创新的制度红利得到依法释放。我国"十二五"科学和技术发展规划中明确指出,要把科研攻关与市场开放紧密结合,推动技术与资本等要素的结合,引导资本市场和社会投资更加重视投向科技成果转化和产业化。新时期科技创新始于技术,成于资本,以产业发展为导向的科技创新需要科技资源、企业资源与金融资源的有机结合。因此,如何通过有效的企业行为治理,将各方资源进行有效整合,成为促进科学技术向第一生产力转化所面临的新命题。

由上述分析可以发现,无论是从制度、科技、创新角度,还是从公司治理、企业转型角度出发,企业的目标都是可持续生存和发展,而战略则成为企业实现这一目标的有效途径。战略强调企业与环境的互动,如何通过把握新时期、新环境来制定和执行有效的战略决策以获取竞争优势,则成为企业在新经济环境下应担起的艰巨任务。另外,企业制定发展战略的同时应当寻找能为企业和社会创造共享价值的机会,包括价值链上的创新和竞争环境的投资,即做到以企业社会责任支持企业目标。履行战略型企业社会责任不只是做一个良好的企业公民,也不只是减轻价值链活动所造成的不利社会影响,而且要推出一些能产生显著而独特的社会效益和企业效益的重大举措。

浙江工商大学工商管理学院(简称"管理学院")是浙江工商大学历史最长、规模较大的一个学院。其前身是 1978 年成立的企业管理系,2001年改设工商管理学院。学院拥有工商管理博士后流动站和工商管理一级学科博士点,其学科基础主要是企业管理,该学科 1996 年成为原国内贸易部重点学科,1999 年后一直是浙江省重点学科,2006 年被评为浙江省高校人文社科重点研究基地,2012 年升级为工商管理一级学科人文社科重点研究基地。该研究基地始终围绕"组织、战略、创新"三个最具企业发展特征的领域加以研究,形成了较为丰硕的成果。本套丛书正是其中的代表。

经过多年的理论研究和实践尝试,我们认为中国企业经历了改革开放后三十多年的高速发展,已然形成自身的行为体系和价值系统,但是在国际环境的复杂多变及国内改革步入全面深化攻坚阶段的特殊历史背景下,如何形成系统的行为治理框架将直接决定中国企业可持续发展能力的塑造及核心竞争力的形成。

本套丛书以中国企业行为治理机制为核心,分"公司治理卷""转型升级卷""组织伦理卷""战略联盟卷""社会责任卷""领导行为卷""运营管理卷"七卷,从各个视角详细阐述中国企业行为治理的理论前沿及现实问题,首次对中国企业行为治理的发展做了全面、客观的梳理。丛书内容上涵盖了中国企业行为的主要领域,其中涉及战略、组织、人力、创新、国际化、转型升级等宏观、中观、微观层次,系统完备;所有的分卷都是所属学科的最前沿研究主题,反映了国内外最新的发展动态,立足学术前沿;所有分卷的作者均具有博士学位,,因而该套丛书其中包括该领域国内外知名的专家和学者,是名副其实的博士文集;所有分卷的内容都是国家自然科学基金、国家社科基金及教育部基金的资助项目,体现了较强的权威性,符合国家科研发展方向。

本套丛书既是我们对中国企业行为治理领域相关成果的总结,也是对该领域未来发展方向探索的一次尝试。如果本套丛书能为国内外相关领域理论研究与实践探索的专家和学者提供一些基础性、建设性的意见和建议,那就是我们最大的收获。

"谦逊而执着,谦恭而无畏",这既是第五级管理者的特质,也是我们从事学术研究的座右铭。愿中国企业行为治理研究能够真正实现"顶天立地、福泽万民"!

郝云宏

浙江工商大学工商管理学院院长　教授　博导

2014 年 11 月 15 日于钱塘江畔

前　言

　　家族企业是一种长期存在的企业组织形式,一直以来受到广泛的社会关注。在我国,作为私营经济的主要组成部分,家族企业对于促进经济发展、推动就业具有重要的作用。目前,我国家族企业的发展,大多数经历了企业的初创期,通过 IPO(首次公开募股,Initial Public Offerings)募集社会资金,并逐渐步入成长期和成熟期,这就意味着,家族企业需要接受来自外部环境的监督和压力,在治理结构上进行适应性调整,家族企业的组织结构会在这个过程中发生演变。

　　之前学术界对家族企业治理问题的研究,大多基于对企业生命周期、委托代理理论、资源基础观、信任视角及情感财富视角等的分析,这些研究的结论对于解释家族企业的治理结构具有一定的效用。然而,不可忽视的是,现有的研究将家族企业的治理问题视为一种相对静态的问题,且大多数是基于西方背景的研究,其结论是否适用于中国的家族企业还值得进一步探讨。本书在对比分析和梳理美国、日本与中国的家族企业治理结构演变过程后发现,中国的家族企业治理结构演变过程存在着与美国、日本的家族企业不同的特性。因此,如果简单地借鉴西方的研究结论,很难对我国家族企业的治理结构演变问题进行深入探讨。

　　本书基于制度学派的理论背景,立足于家族企业 IPO 后会发生一系列治理变革的基本判断,突出家族企业 IPO 后的治理演变特征。本书采取理论分析与实证研究相互验证的研究思路,在制度学派现有理论成果的基础上,结合家族企业理论等相关知识,研究我国家族企业内外部制度因素对治理结构演变过程的作用机理。

　　本书重点关注的问题是:家族企业的制度结构演变主要表现在哪些方面? 从制度理论(Institutional Theory)的视角能够对家族企业治理结

构的演变过程做出怎样的解释？制度因素会如何影响家族企业的治理结构演变？究竟是哪些因素影响家族企业治理结构的演变？在家族企业治理结构的演变过程中，前导因素对家族企业治理结构演变的影响受到哪些变量的调节？

基于以上问题，本书的分析表明，我国家族企业的治理机制的演变过程会通过企业内家族成员的规模、家族权力、家族成员亲缘关系及家族意图四个方面的改变体现出来。企业结构的家族化演变，意味着企业内家族成员规模扩大，家族权力强化，不断纳入具有近亲关系的家族成员，以及家族意图增强。而家族企业的社会化演变趋势，则表现为企业内家族成员数量减少，家族掌握的企业权力逐渐减小，企业不断纳入具有经营能力的远亲家族成员或家族外部成员，以及家族意图的减弱。

本书选择 2001—2007 年间的家族上市企业作为研究样本，从制度视角出发，探讨影响家族治理结构演变的前导因素。研究发现，我国家族企业的治理结构演变会受到外部组织这一因素的影响。这种影响是由家族企业对组织环境中具有相似特征的家族企业进行行为模仿而产生的，并由此显示其家族化治理结构的合理性。对于具体模仿对象的选择，家族企业主要是基于行业和区域特征的相似性来进行的。行业/地区家族企业比例越高，则该行业/地区的企业越会强化家族化治理，主要体现在：企业中家族成员人数增加，家族掌握的企业权力不断增大，在选择家族成员进入企业时，更多地考虑具有近亲关系的成员，家族意图增强。

家族企业治理结构的变迁本质上是一种社会活动过程，不同规模和性质的企业的演变路径受制度环境影响的程度和范围存在明显差异。本书研究发现，制度环境（Institutional Environment）与企业的家族化演变呈负相关，即制度环境的改善不利于企业的家族化演变。具体表现在：制度环境的改善不利于家族成员数量的增加和家族权力的强化；制度环境的改善使企业内家族成员亲缘关系的密切程度降低，且不利于家族将企业传承给家族后代。

家族成员产生的家族认同，会强化制度环境与企业的家族化演变间的负相关关系。也就是说，家族认同有利于增加企业内的家族成员数量，强化家族权力，并逐渐吸收具有近亲血缘关系的家族成员进入企业，但家族认同感的提升会减弱家族意图。与家族认同的作用不同的是，企业内组织成员形成的组织认同,则会推动企业朝更为社会化的方向演变。这就是说,企业内组织认同感的提升,会使企业内家族成员的数量减少,家族控制的企业权力减小,企业会纳入具有远亲关系的家族成员,同时,有利于增强家族意图。组织认同的作用,也受到市场化程度的影响:组织认同感的提升对企业内家族成员数量的减少及家族控制的企业权力减小等的影响,在市场化程度较高的情况下,会更加显著。

PREFACE

As a long-term form of business organization, family business has been subject to a wide range of social concerns. In China, as a major component of the private economy, the family business has an important role in promoting economic development and promoting employment. Most of family enterprises in China has experienced start-up period and gradually developed to the growth and maturity stages through an IPO (Initial Public Offerings). This means that family business needs to develop and adapt the appropriate governance structure to accept supervision and pressure from the external environment.

Prior studies of family business governance were mostly based on corporate life cycle theory, principal-agent theory, resource-based view, trust perspective and emotional wealth perspective. These findings have a certain utility in explaining the governance structure of the family business, while ignoring the dynamic nature of governance structure. Most of the existing researches on the family business structure are based in the western context. Whether they are suitable for China is worthy of further investigation. In this paper, we compare and analyze the governance structure evolution process of family business in USA, Japan and China. We find that Chinese family business governance structure evolution is different from USA and Japan. Therefore, if a simple reference to the conclusions of the study in the West, it is difficult to conduct an in-depth study of the evolution of the family firms' governance structure in China.

Based on the institutional theory, we highlight the evolution characteristics of family firms and take the theoretical and empirical research approach. Based on the existing results of institutional theory, we study the effect of internal and external institutional factors on the evolution of the governance mechanism.

We focus on the following questions: What are the changes in the evolution of family business structure from the perspective of institutional theory? How can we explain the evolution of family business governance structure from the perspective of institutional theory? How do can institutional factors affect the evolution of the governance structure of the family business? Which factors will affect the family business governance structure evolution? How do mediation variables affect in the evolution process of the governance structure of the family business?

Analysis shows that the structural evolution of the family business in China will be reflected by family members in the enterprise scale, family power, the kinship relationship of family members, and the family intent. Evolution of the corporate structure of the family means the increasing of family members in family enterprise, choosing family members with close kinship into the enterprise, as well as enhancing the family intent. Trend of social evolution of the family business is reflected in the reducing of family members and gradually abandoning family power in the enterprise. Trend of social evolution of the family business is also manifested in the choosing distant relatives of family members with higher ability, and reducing the family intent.

Using the listed family companies with the period from 2001 to 2007, we explore the leading factors of family governance structure evolution from the perspective of institutional theory. The study found that the external organization factors affect the governance structure of family business evolution. Family firms imitate the behavior of firms with similarity to create the legality of family governance structure. Family business selects the imitate object from the industry and regional characteristics. Companies will strengthen the family governance when the industry or region has more family business, which mainly reflects in an increase in the number of family members ahd the power of family in the enterprise. More consideration is given to the people with close kinship relationship when choosing the family member to the business to continuously strengthen of family intent.

The change of family enterprise governance structure is essentially a social activity process. There are obvious differences in the extent and scope of the impact of the institutional environment on the evolution path of different scale and the nature of the firm. This study found that the institutional environment was negatively related to the family evolution of the firm. It also means that the improvement of the institutional environment is not conducive to the family evolution of the firm, which concludes specific performance in the decrease in the number of family members and the weakening of family power. The improvement of the system environment reduces the close relationship of the family members in the enterprise and the tendency to inherit the business within the family.

Family identity generated by family members will strengthen the negative correlation between the institutional environment and the evolution of the family business. It means that family identity is beneficial to the increase of family members and family power in the enterprise. Family identity is also conducive to the gradual inclusion of family members with close relatives. The promotion of family identity reduces family intent. Different from the way of family identification, organizational identification will promote the social evolution of the enterprise. That is to say, the promotion of organizational identity in an enterprise will reduce the number of family members and the power of the family within the firm. Enterprises will include family members with distant relatives. Organizational identity is beneficial to the enhancemeat of family intent. The role of organizational identity is also influenced by the degree of marketization. In the case of high degree of marketization, the effect of organizational identification on the reduction of family members and family power will be more prominent.

目　录

Contents

图目录

Figure Contents

表目录

Table Contents

第1章 引 言

1.1 研究背景

从世界范围来看,家族企业是普遍存在的一种企业组织形式,它的兴起,对社会经济的发展起到了举足轻重的作用。据洛桑国际管理发展学院(International Institute for Management Development,简称 IMD)统计,意大利约有 99% 的公司是家族企业,瑞典家族企业的比例也高达90%,瑞士的家族企业则占到总企业数量的 85%~90%。在亚洲各国,如日本、韩国等,家族企业也大都居主导地位,家族企业的兴起促进了这些国家经济的腾飞和社会的进步。而在世界范围的家族企业中,华人家族企业又以其高速成长和数量庞大而引人瞩目。改革开放以来,中国家族企业在转型经济中起到越来越重要的作用。由中共中央统战部、全国工商联、中国民(私)营经济研究会组织成立的中国私营企业研究课题组在 2011 年对全国的私营企业进行了第六次抽样调查。调查结果显示,截至 2011 年底,我国登记注册的私营企业已达到 344 万户,从 1993 年到2011 年的 10 多年间,私营企业数量增长了 33 倍多,年均增长 28.87%;2001 年底,私营企业的注册资本为 42 146 亿元,年均增长 48.41%;2001年底,私营企业吸纳的就业人员为 4 714 万人,与 1993 年底的 372 万人相比增加了近 12 倍,年均增长 27.72%。(中国私营企业研究课题组,2011)相对于国有企业和集体企业,私营企业的数量、注册资本、从业人员都呈持续增长趋势。据张厚义等(2005)的《中国私营企业发展报告》显示,私营企业已经成为所有制结构中的重要组成部分。而在私营企业中,绝大部分是家族企业,家族内部的团结、对成本和利润的高度关注及市场经济开闸后对利润毫无顾忌的追逐,都促成了家族企业在 20 世纪的最后 10 年"野蛮成长"。随着深圳中小企业板的发展壮大、创业板的推出及多层次资本市场的完善,大量优秀的创业家族企业充实到上市公司队伍中来,这标志着我国的家族企业发展到了一个新的阶段。

家族企业作为一种特殊的企业组织形态,多是由创始人、创业家族或泛家族成员所拥有并管理的。(李新春,2005)张余华(2006)的调查发现,在家族企业的创立方式上,55%的企业采取个人独创的方式,25%的由夫妻联手创立,18%的由兄弟合伙创立。而在家族企业的治理模式上,2002年,中国私营企业研究课题组在全国抽取 3 258 家私营企业,对它们 2001年底的情况进行调查,结果显示大部分私营企业仍然是家族企业,企业创始人个人资本占企业资本总量的平均比例达到 76.7%,由创始人兼任总经理的企业数量占全部企业总数的比例高达 96%。这些反映出家族化管理是当时中国私营企业最主要的管理模式。这种家族化管理较为常见的发展模式是在企业创立之后的数年内,家族企业的股权逐渐发生转移。这种转移大多是由父母转移给子女,或是在配偶之间发生,家族企业的股权主要还是掌握在核心家庭成员之间。程书强(2006)的研究印证了这一结论。他的研究表明,在家族企业 IPO 后的成长和发展过程中,企业的所有权会发生一定程度的转移,但其终极所有权往往还是控制在一个或几个家族核心成员手中。

山西安泰集团股份有限公司(股票代码 600408)的权力配置模式很清楚地说明了亲缘关系导向的权力配置模式。IPO 后的山西安泰集团股份有限公司实际控制人为李安民、范青玉和李光明,三人所占的公司股份分别为 48.70%,3.91%及 3.83%,其中李安民和李光明为兄弟关系,范青玉为李安民的妻弟。公司的权力配置模式即典型的基于亲缘关系的权力配置模式:在董事会层面,企业主李安民一直在公司董事会中担任董事长职位,2008 年他让自己的儿子李猛进入董事会担任副董事长职位,董事会的决策权高度集中在核心家族成员手中;在经营管理层面,李安民将关键的经营管理权给了自己的儿子李猛和妻弟范青玉,经营管理权一直高度集中在核心和远亲家族成员手中。另外,该公司基于亲缘关系的权力配置模式还体现出了"差序格局"的特点,即随着亲缘关系的近远,权力配置的大小也发生着变化。具体而言,与企业主越亲近的家族成员,配置的权力越大。比如,相对于远亲成员范青玉,作为实际控制人的企业主李安民和其儿子李猛两个核心成员所配置的决策权和经营管理权更大。李安民担任董事长,其儿子不仅仅担任副董事长,还兼任常务副总经理。

然而不可忽视的是,伴随着我国家族企业的发展,其组织结构形态也不断多样化,仅由企业主及其家族成员控制的治理模式不再是唯一的可选机制,兄弟姐妹等近亲家族成员开始逐渐加入企业的治理活动中,尤其是在代际交接过程中,例如,表兄、表弟等远亲也可能参与到企业控制中,从而形成了一个复杂的家族联盟(Gersick et al.,1997),有的突破单纯的血缘关系,延伸到以精神为基础的准家族联盟(Karra et al.,2006),甚至逐渐发展到直接引入没有任何血亲关系的职业经理人。基于非血缘关系的权力配置模式,是一种将企业关键权力岗位配置给非亲缘关系的职业经理人掌管的模式,最为彻底的情形是家族成员全部退出董事会和管理层,职业经理人完全控制家族企业。例如,福州天宇电气股份有限公司(股票代码000723)的实际控股股东为姚氏整个家族成员,即企业主姚巨货及其子女(姚俊良、姚俊杰、姚俊花、姚三俊、姚四俊、姚俊卿)等七位。但该公司对家族权力的配置完全不同于以亲缘关系为导向的权力配置模式,在企业IPO后不断发展和日益社会化的过程中,公司权力机构中并没有任何有亲缘关系的代理人,而是完全聘请外部职业经理人参与企业的经营管理。这是一种典型的完全基于非亲缘关系的职业经理人进行权力配置的模式。

由此可见,伴随着我国家族企业的发展,家族企业组织形态和演变路径表现出更多的复杂性,IPO后的家族企业权力结构日趋多样化,演变路径也更为丰富。家族企业在转型过程中面临着很多问题和挑战,而在治理结构演变过程中权力的重新配置和移交所导致的各类问题也层出不穷,这些可能会让企业无法成功地实现权力结构的平稳过渡,有的甚至会对企业的发展造成严重的阻碍。2011年,真功夫餐饮管理有限公司的家族内部斗争,让这家中餐连锁店成了媒体焦点。在企业的发展过程中,两位创始人对组织演变方向产生了分歧。创始人之一蔡达标以职业经理人替代原来的部分家族管理人员,主张推行内部管理"精益工程"改革,导致先后有大批老员工离去,也在很大程度上损害了创业家族的利益。由此,企业控制权争夺事件不断升级,严重阻碍了企业的发展。当然,也有一批家族企业经过治理结构的演变,不断地引入具有经营和管理能力的外部职业经理人,成功地从家族化治理过渡为科学化治理,逐渐发展成规模更大、前景更好的企业。由此可见,家族企业能否根据环境变化采取相适应的治理结构已逐渐成为家族企业发展前景的决定性因素,这一治理结构的动态演变过程对于企业的成长和发展具有重要意义。

而近年来我国学术界对家族企业问题的研究,大多关注资本结构与家族企业的治理效率(郑家喜,2007),家族企业的融资行为(陈凌,2007),基于信任视角的家族企业成长(储小平等,2003),家族企业的代际传承(陈凌,2006),职业经理人对家族企业的影响(储小平,2002),即便是对家族企业治理结构进行研究,也多是基于静态的分析(李新春等,2009)。在我国家族企业的动态发展过程中,其内部治理存在一些问题:为什么各个企业治理结构演变过程开始得有早有晚?在家族企业成长和发展的过程中,为什么仅有很少一部分企业完成了资本的原始积累和市场的拓展,较早地改变了创业初期纯家族制的模式,逐渐移植了现代企业制度,实现了从新兴企业到成熟企业的跨越,而大部分企业则一直沿用企业成长初期的家族式治理模式?为什么中国的家族企业很少能像西方的家族企业一样,发展到一定规模后,顺利地进行授权和受权?对家族企业治理结构的特征及其演变过程的研究成果极少,实证研究尤其匮乏,研究严重滞后于家族企业的实践发展。家族企业发展过程中出现的各类现实问题和现有的理论研究成果,引发了笔者对其治理结构演变过程的关注。针对这些现实和理论中存在的问题,本书对家族企业治理结构演变过程及其原因进行的研究,有助于指导我国家族企业的实践发展,有重要的理论意义和实践意义。

1.2　研究目的及意义

1.2.1 研究目的

虽然一些学者已经意识到家族企业治理结构的特征及其演变过程的重要性,但目前对该领域的研究还有一系列的问题值得关注,且有待进一步研讨解决。

第一,目前对于家族企业的研究多是基于西方成熟的理论进行的,但中国家族企业是否和西方家族企业相同？不同国家和地区的家族企业在制度演变上存在怎样的差异？其用来研究家族企业的理论和研究结论是否可以解释我国家族企业的现象？这些问题是值得深入探讨的。我国家族企业存在若干明显不同于其他国家家族企业的特征。我国家族企业的演变过程具有怎样的特点，国外相关研究是否适合中国，这些也就成了首先需要解决的问题。

第二，很多学者对家族企业的治理结构与其效率进行了探讨。具体而言，家族企业的权力配置（包括产权、管理权和所有权的配置等）机制及其对企业绩效的影响等已经受到学者的关注。然而，家族企业的治理结构会随着企业规模的不断扩大，家庭、家族成员的不断扩充及新的管理者、股东的不断进入而发生变化。如前所述，之前的研究关注更多的是家族企业治理结构的静态安排，而没有对治理结构的动态运行过程给予足够的重视，因此，本书将以这个动态过程为研究对象，深入探讨家族企业治理结构的演变过程。

第三，以往有研究关注到了家族企业内部的权力配置及其变化过程，其中具有典型性的有委托代理理论、社会情感财富理论等。委托代理理论认为，代理成本的产生源于委托人与代理人在自身追求目标上的差异性。(Jensen et al. , 1976)在家族企业中，家族成员与其他非家族成员利益相关者相比，主要区别在于其目标与偏好存在较大的趋同性，因为这些家族成员之间具有一种天然的血缘关系，互相具有较深程度的信任与包容。以此血缘关系为纽带就可以将所有的家族成员凝聚在一起，使他们可以在由家族成员组成的团队的生产经营过程中采取一致的行为，不会相互背叛。因此，基于委托代理理论的分析认为，家族企业倾向于在企业发展的过程中，不断地让家族成员进入企业，分享企业的所有权、控制权和管理权。社会情感财富理论则认为，家族企业的建立过程，使家族成员间产生了除物质财富积累以外的情感财富，家族成员的共同工作经历为他们打下了良好的情感基础。企业的生存和发展不仅是为了追求利润的增加，也是为了建立一个家族成员在一起共同工作的环境。因此，为了维系家族成员间的关系，企业主倾向于将自己的权力交给家族内部成员。笔者希望在进一步挖掘在家族企业权力的动态配置过程中，对决定企业所有权、管理权、控制权配置及其变化的因素到底是什么，或者说，家族企业所有权、管理权和控制权的变化受到哪些因素的影响等问题进行探讨。

鉴于以上分析,可知本书的研究目的就是探讨家族企业 IPO 后的治理结构演变,并试图对以上问题进行解答。

1.2.2 研究意义

本书研究的理论意义在于对家族企业治理结构特征的关注来自对家族企业研究新思路的探索。

首先,公司治理制度的构建和演变在很大程度上影响着家族企业的发展和成败。Astrachan(2000)基于美国企业的实证研究发现,只有 30% 的家族企业成功地传承到第二代,传承到第三代的比例为 12%,仅有 3% 的家族企业能够成功地传承到第四代。中国的家族企业也大多难逃"富不过三代"的命运。家族企业初期的发展,依靠的是创始人或家族成员的创业精神,但之后不能取得长足的发展,究其深层次的原因,还是缺乏有效的制度保障,从而难以保持家族企业的可持续发展。因此,家族企业在从依赖创始人或家族权威和创业精神逐渐发展到形成完善的现代企业制度的过程中,存在着一些产生于家族企业发展过程的独特现象,从深层次挖掘这一制度的产生和演变过程,对于剖析家族企业的成长过程及其内在机理,以及理解制度演变对企业发展的贡献等都具有重要的理论意义。

其次,家族企业的治理是多层级重叠、多维度交织的复杂过程。在西方经济制度背景下,许多学者在衡量家族成员治理效果过程时主要涉及三个层面:股权、控制权(董事会中的权力)、管理权(具体的经营岗位,如总经理、部门经理的权力)。理解中国家族企业的权力结构也同样可以从这三个层面进行分析,但中国家族企业在实际运作过程中存在一些独特的现象,以及一些产生于中国制度背景下的问题,如中国家族企业的控制权与管理权之间的界线是比较模糊的,往往交织在一起,并没有严格的区分。之所以出现这一问题,是因为在中国的家族企业中,权力的控制是家族成员的主要功能与活动。这一问题在以西方家族企业特征为主导的研究中并未被重视,而对这一问题的研究,可以帮助研究者更加深入地理解中国家族企业的治理结构特征。

最后,企业的 IPO 阶段是家族企业由初创期迈入成熟期的重要转型时期。在这个转型过程中,家族企业的发展并不平稳。在 IPO 之前的创业初期,家族企业能够依赖创始人或家族权威快速成长;而IPO后的家族企业面临着规范治理制度上的要求,外部环境和任务的日趋复杂,使企业对专业的管理人员和完善的现代企业制度产生了需求。然而实际上在IPO前后,传统的权威式领导结构和现代企业制度之间是存在冲突的,创始人或家族权威放大了创业者角色的作用,容易让企业陷入一种独裁式的管理当中。尽管本土组织行为学认为,创始人权威也可能形成慈爱的或道德式的领导,但IPO后的企业仅依靠个人权威或家族权威通常是不可靠的。而实行现代企业制度在一定程度上将会削弱创始人或创业家族的权力,这会导致其产生反抗或抵触情绪。因此,家族企业的IPO阶段作为不少家族企业向现代企业转型的重要时期,是创业企业向持续成长企业过渡的一个必然经历的痛苦阶段。对企业IPO后的制度演变过程进行研究,能够更好地矫正这一特定转型时期的企业行为,并显示其特征。

本书的实践意义主要体现在:

在家族企业创业的初期,公司依赖创始人或家族权威,创业家族对公司直接控制,特别是在创业过程中,家族内部忠诚、利他主义行为有利于减少交易成本,降低信息不对称程度,企业充斥着家族内部的亲情及泛家族式的温情脉脉。这一阶段被称为"典型的家族企业",也是企业家族化时期。家族企业发展至第二个阶段,就是所谓家族企业化时期,在经过早期的资本积累与壮大后,一方面,创业家族企业想引入先进的管理制度,摆脱完全家庭式管理所带来的利益关系不明确的现状,在员工管理、公司规定上就需要更加规范化、制度化,不能完全以早先家族权威或私人规则寻求法律外解决问题的方法。另一方面,家族企业的资产出现明显的家族封闭性,经营决策权与管理权高度集中于创业家族成员手中,尤其是创始人手中(张厚义等,2005;Tsang,2002);而早期的创业家族成员大都晋升为管理层,在大量的外来人员和文化的冲击下,创业家族成员在暗自争夺控制权,企业可能充斥着私下和公开冲突的矛盾体。此阶段中不可忽视的是,很多家族企业在由企业家族化时期向家族企业化时期的蜕变尚未完成时,就已悄然消失,而这一历程是家族企业长久存续与发展在治理模式上必须经历的。因此,关注创业家族企业的转型过程,探讨IPO后的创业家族企业由完全的家族所有逐步演变为家族企业化的过程及其内在机理,将有助于降低企业的失败率,提高创业家族企业转型期的成长效率,指导新创企业在实践中稳定有序地发展。

同时,不少处于新创企业初期阶段的家族企业基本上没有正式的公司治理结构,创业者或家族领导人个人的意志就代表了公司的决策,企业的发展更多是依靠创业者个人的领袖魅力和感召力,企业决策会出现随意性和非正式性。随着企业的发展,即便是已进入较为稳定成长期的企业,很多也没有或很少进行战略性的制度设计和建设;一些较大型的甚至是已上市公众化的家族企业尽管按照上市公司治理的要求设立了董事会、监事会和股东大会,但因为家族直接和间接控制了企业绝大多数的所有权和投票权,加上议事程序上的不透明和操纵性较大,其治理功能大多情况下是失灵的。在家族企业的治理结构上,也无法有效区分董事会和经营管理之间的权力和分工,非家族成员即便在高层管理中也只能充当建议和执行的角色。西方发达国家不少成熟的家族企业是以家族委员会、家族宪法等正式和非正式制度进行治理,而我国的家族企业尚缺乏对治理结构演变的战略性思考。因此,本书的研究对企业更好地从治理结构上控制家族对企业的利益侵犯及约束家族内部的冲突,以及建设一个保证企业可持续成长的公司治理结构,具有重要的实践意义。

1.3　基本概念界定

1.3.1　家族企业

本书的研究内容是家族企业的治理制度,因此,家族企业作为研究对象,首先需要厘清其定义和内涵。而家族企业的定义,在很长一段时期内,都是该领域学者所关注的重点。之所以引起了广泛的关注,是因为对家族企业下一个准确的定义是比较困难的,正如 Handler(1989)所言,给家族企业下定义,是家族企业研究者面临的最首要和最直接的挑战。

在第一期《家族企业评论》(*Family Business Review*)杂志中,Lansberg et al.(1988)就提出了什么是家族企业这一问题。此后,由于对家族企业有众多不同及不清晰的定义,这一问题在家族企业的研究中不断地被重提。(Desman et al.,1991;Upton et al.,1993)Chua et al.(1999)通过对家族企业研究领域的 250 篇文献进行评述,对家族企业的定义进行了梳理。Handler(1989)指出,家族企业的标准和维度是多重的,并且对此存在很多认知上的差异性,其中包括对所有权、控制权、家族成员参与管理、代际传承及多重维度的综合等的认识。基于以上分析,本书从四种家族涉入的维度(家族所有权维度、家族控制权维度、代际传承维度及多重维度整合)入手,对国外相应的文献按照研究时间的脉络进行了整理,详见表 1-1。

表 1-1 家族企业的定义

维　度	作　者	定　义
家族所有权维度	Barnes et al. ,1976	企业的控股股东是一个个体或者单个家族中的成员(p106)
	Babicky, 1987	由一个或几个人从一个经营理念出发,将其发展并获得成功的小企业,通常拥有有限的资本和成长性,同时创业者拥有企业的大部分所有权(p25)
	Donckels et al. ,1991	家族成员持股超过企业股份的 60%(p152)
	Carsrud, 1994	由一个"情感血缘组织"的成员掌握所有权的企业(p40)
家族控制权维度	Bernard,1975	一家实上由单个家族控制的企业(p42)
	Davis et al. , 1985	一家企业的发展方向受两个或更多的家族成员所影响(Rothstein, 1992)
	Handler, 1989	在高管层或董事会的家族成员影响了企业的主要运营决策和领导权继任计划(p262)
	Dreux, 1990	由一个或多个家族成员控制的经济组织,家族成员对企业治理有决定性的影响(p226)
代际传承维度	Donnelley, 1964	企业中有两代家族成员的涉入,企业政策及家族的利益和目标是相互影响的(p94)
	Churchill et al. , 1993	一个家族中的年轻成员已经或预期从家族年长者手中接管企业控制权(p52)
多重(家族所有、家族管理、代际涉入等)维度整合	Alcorn, 1982	一种涉及所有权、合作关系的逐利性企业形式,如果该企业的所有权有一部分是由公众所有的,则家族必须参与企业的运作(p230)

续　表

维　度	作　者	定　义
多重（家族所有、家族管理、代际涉入等）维度整合	Davis，1983	企业的政策和方向由单个或多个家族控制，对企业政策和方向的控制通常是通过所有权和家族成员参与企业管理的方式实现的（p47）
	Roseblatt et al.，1985	任何一个组织的主要所有权或控制权掌握在一个家族手中，并且两位及以上的家族成员同时直接涉入企业（pp4-5）
	Pratt et al.，1986	两位或以上的家族成员通过血缘关系、管理角色或所有权影响了企业的发展方向（p2）
	Stern，1986	由一个或两个家族所有并运营的企业（p12）
	Lansberg et al.，1988	家族成员通过所有权的拥有合法地控制了一家企业（p2）
	Leach et al.，1990	一家企业超过 50% 的投票权掌握在一个家族手中，并且（或者）单个家族有效地控制了一家企业，并且（或者）企业的高管团队中相当数量的成员来自同一个家族（Astrachan，1993，pp341-342）
	Lyman，1991	企业的所有权由家族成员掌握，至少一位家族成员受雇于企业，并且一位其他的家族成员既受雇于企业，同时也负责企业的日常运营，尽管这位家族成员不是正式受雇于企业的（p304）
	Gallo et al.，1991	一家企业的所有权由一个家族拥有，并且该家族对企业拥有绝对控制权（p181）
	Holland et al.，1992	企业所有权和管理权的决策受到单个或多个家族关系的影响（p262）
	Welsch，1993	企业的所有权是集中的，且所有者或所有者亲属涉入企业的管理过程中（p40）

资料来源：依据 Chua et al.（1999）的文献整理。

我国研究者也对家族企业进行了定义，其中具有代表性的有：

我国台湾学者叶银华在 1999 年提出了基于控股比例的家族企业定义。他认为，家族企业需要具备三个条件：第一是家族持股比例要超过临界比率；第二是家族成员或具二等亲以内的亲属担任企业的董事长或者总经理；第三是家族成员或具三等亲以内的亲属在董事会任职，并且席位超过董事会席位的 50%。

潘必胜(1999)认为,当一个家族或数个具有紧密关系联盟的家族部分或全部地拥有一个企业的所有权,并直接或间接掌握企业的经营管理权时,这个企业即家族企业。根据家族关系涉入企业的程度和家族关系的亲疏远近,潘必胜进一步将家族企业分为三种类型:第一种是家族完全掌握企业所有权和经营权;第二种是家族掌握企业的主要经营权,部分掌握所有权;第三种是家族掌握企业的主要所有权,但并不掌握经营权。

储小平等(2003)进一步指出,家族企业是一种家族资产占控股地位,且家族规则与企业规则相结合的组合体,家族企业的所有权和控制权呈现出一种联系的状态,因此,对家族企业的判定应当是基于股权和经营管理权的角度进行的。这样的定义将家族企业视为一个两权连续组联的结构,即认为不论是家族既拥有股权又拥有经营管理权的企业,还是家族拥有临界控制权的企业,应当都归于家族企业。

通过以上的梳理我们发现,第一,绝大多数对家族企业的定义并不对"治理"和"管理"加以区分;第二,有一些对家族企业的定义既要求家族拥有企业的所有权,又要求家族拥有企业的控制权,而另一些定义则仅要求家族拥有所有权或控制权。因此,对家族企业的定义包含了三种不同的组合:家族所有和家族管理,家族所有但并非家族管理,家族管理但并非家族所有。

对以上定义的内涵分析、对比后我们发现,学者对家族企业的定义,实际上都是以"家族所有"为基础的定义,这些概念对家族企业内涵中的"家族所有"维度并无异议,并以此为基础进行各种维度的延伸,产生了基于家族管理、家族控制、代际涉入,以及多重维度相结合的家族企业定义。然而,对这些定义目前还很难产生一致的研究结论,即研究结果多有分歧。但总体来说,大多数学者更偏好于"家族所有但并非家族管理"的模式。因此,本书将在以上分析的基础上,沿用大多数学者对家族企业概念中所有权内涵的认可,也就是说,以家族对企业所有权的掌握为主要界定标准,将控制股东为一个或多个家族成员作为依据,来定义家族企业。

1.3.2 IPO

IPO 是指一家企业通过证券交易所，首次公开向投资者发行股票，从而募集用于企业发展的资金的过程。通常是按照该企业提供给相应证券机构的招股说明书或等级申明中约定的条款，通过证券交易所或者报价系统挂牌交易的方式，进行股份的首次公众出售。

之所以选择 IPO 作为节点，是因为已有研究表明，处于 IPO 时期的公司面临的风险很大，至少在短期内风险很大。从股权私有到发行公众股，公司经历了一次重大变革，这种变革会使 IPO 公司面临创新所带来的风险。在 IPO 之前，企业的发展大多是依靠企业家不断地摸索，经营和管理企业的各项活动。企业的 IPO 意味着一家企业正式进入公众视线，其各项管理活动需要逐步迈入正轨，企业逐步成为成熟企业（Established Firm），这就需要给投资者提供一个良好的企业形象，展现美好的发展前景，提供具有竞争力的服务或产品，且企业的经营管理方式也需较以前发生较大改变，靠之前的发挥企业家精神已经远远不能满足企业经营发展的需要。因此，正式制度的建立变得日趋紧迫，企业必须规范经营制度、改善治理结构并接受公众监督，来满足投资者的预期。为顺利实现通过 IPO 募集资金的目标，企业需要在组织结构、行为方式等方面进行重要的变革。

基于以上分析，本书认为，判断家族企业是否发生过重大的制度变革的一个重要标志是企业 IPO 与否。

1.3.3 治理结构演变

对于处在转型期的家族企业而言，其会随着发展而不断社会化。一方面，为降低信息不对称程度，减少交易费用，不断扩大创业家族势力，尚不能完全舍弃以血缘为纽带的家族成员间的信任关系；另一方面，在外部合法性机制的约束下，并不会盲目地排斥赋予经理人控制权这一现代企业制度治理的关键举措。因此，企业需要在家族治理与职业化治理之间进行选择。这样的一个选择，意味着企业的权力和岗位需要进一步开放。因此，家族企业治理结构的演变，本质上是一个家族企业岗位、权力的转移受让过程,这一动态过程,就是本书重点关注的对象。

如果将一个公司定义为一个系统,那么它包括许多子系统,例如,公司、家族、创始人都可以是一个子系统。(Beckhard et al.,1983)每个子系统都拥有独一无二的身份与文化,每个又都有自己的子系统。为了了解某公司的演变,必须了解上述这些公司子系统之间的相互作用,Kepner(1983)探讨了家族和公司之间的相互影响。

美国研究学者钱德勒在《看得见的手》中,探讨了美国企业制度的演变过程。其分析发现,大多数美国现代企业都是从家族企业演变而来的,市场的不断拓展、技术水平的提高及运输条件的改善为大多数家族企业的发展提供了有力的支持,然而家族企业的控制权转移才是成就家族企业扩展的决定性因素,也就是说,经理阶层不断地介入家族企业中,参与企业的经营管理活动,并成为主宰企业的专业人士,是让家族企业不断发展壮大并演变成具有现代企业制度的企业的重要因素,经理革命使公司控制权的转移受到学术界的重视。因此,家族企业的结构演变过程,就是控制权的转移过程。Berle et al.(1932)认为,控制权是通过行使法定权力或施加影响对大部分董事的实际选择权进行影响;周其仁(1997)认为,企业控制权就是排他性地利用企业资产从事企业投资和市场营运的决策权;德姆塞茨(1999)认为,企业控制权是一组排他性使用和处置企业稀缺资源(包括财务资源和人力资源)的权利束。而阿尔钦等(1987)则罗列了监控者(即剩余索取者或所有者)的剩余权力:监控者可以独立于其他所有者,而与他们进行合同再谈判。在中国的家族企业中,管理者的人选通常受控制家族的偏好影响,控制家族不仅要考虑能力、忠诚度等标准,更为重要的是,还必须决定管理者的身份,即任命家族成员还是非家族成员。随着企业的发展,家族企业的权力结构日趋多样化,其控制权和管理权会进一步开放。因此,在本书中,控制权从创始人或创业家族向外的转移实际上涉及两个方面:一是企业董事会结构的改变,二是企业高管层结构的改变。在上述任一种情况下,家族的控制权和管理权都面临着重新划分的局面。董事会结构的改变意味着有的家族成员退出董事会,非家族成员进入董事会;高管层结构的改变则意味着家族企业开始聘用职业经理人。

尽管控制权的有效配置被视为公司治理问题的核心,但是不可忽视的是,控制权的转移往往也会引起企业所有权结构的变化,因此,企业的所有权结构仍然是理解公司治理问题的关键。一般来说,股权结构包括两个层面的含义:一是企业的股份由哪些人持有;二是每个股东持有多少股份。因此,股权结构的演变过程就是企业所有权在家族成员或者是一些关键的经营管理人员之间进行重新分配的过程。这样一个重新分配权力的过程,意味着家族成员的数量及其掌握的企业权力会不断地发生变化。因此,本书在研究家族企业治理结构演变时,将企业内家族成员的数量(即家族规模)和家族对企业权力的掌控(即家族权力)两个维度纳入结构演变的框架中去。

在此,本书进一步对以上结构演变的内涵加以分析。随着企业内家族成员规模的不断变化,掌握具体所有权、控制权和管理权的家族成员也会发生变化,这就意味着,企业内家族成员之间的亲缘关系也会随之发生变化。亲缘关系的变化即与企业主具有不同亲缘关系的家族成员会在企业内流动,企业主会将权力在核心家族成员、近亲家族成员、远亲家族成员之间进行动态配置,家族企业可通过集中股权、在关键岗位安排家族成员和亲信、泛家族化等方式来实施控制。根据贺小刚等(2009)、连燕玲等(2011)的研究发现,如果家族企业将所有权或管理权仅仅配置给具有核心亲缘关系的家族成员,或者是仅仅配置给具有远亲关系的家族成员,会不利于治理效率的提高;如果将所有权在核心家族成员与远亲家族成员间进行分享,则明显地有利于治理效率的提高;而如果家族企业基于家族成员管理能力的高低而相应地配置管理权,则能够有效地促进治理效率的提高。因此,亲缘关系的变化会对企业的治理效率产生重要影响。基于以上分析,本书将企业内家族成员亲缘关系的变化也纳入结构演变的框架中去。

此外,根据 Astrachan et al.(2002)等学者开发的 F-PEC 量表(图 1-1),家族涉入企业的程度体现为三重维度,除了本书之前所论述的包括所有权、管理权和控制权的权力维度,F-PEC 量表还涉及家族通过经历和文化两个维度涉入企业。具体来说,经历维度包含了拥有所有权的代数、参与管理的代数、参与董事会的代数及对企业有贡献的家族成员人数;文化维度则包含了家族价值观和企业价值观的交叠,以及家族对企业的承诺。

```
┌─────────────────────────────────┐
│  家族涉入企业程度的F-PEC量表        │
└─────────────────────────────────┘
        │          │          │
┌───────────┐ ┌────────────┐ ┌──────────────┐
│  权力维度   │ │  经历维度    │ │   文化维度     │
│ • 所有权   │ │ • 拥有所有权的代数 │ │ • 家族价值观和企业 │
│ • 控制权   │ │ • 参与管理的代数  │ │   价值观的重叠   │
│ • 管理权   │ │ • 参与董事会的代数 │ │ • 家族对企业的承诺 │
│           │ │ • 对企业有贡献的家族 │ │              │
│           │ │   成员人数      │ │              │
└───────────┘ └────────────┘ └──────────────┘
```

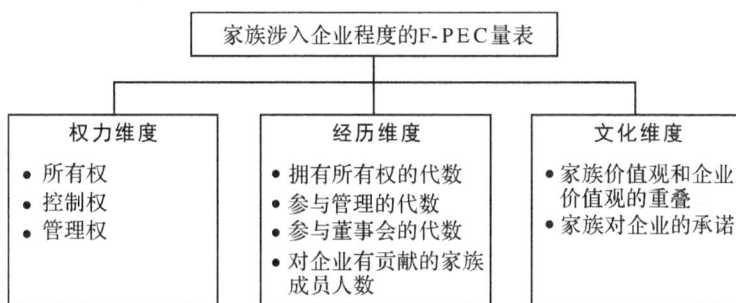

图 1-1　家族涉入企业程度的 F-PEC 量表

　　Astrachan et al.(2002)的研究进一步拓展了本书对家族企业治理结构演变内涵的思索。根据图 1-1 量表中家族的涉入维度,结合中国家族企业的具体发展现状,本书认为,虽然目前中国的家族企业经过二三十年的发展,尚未完全进入多代际涉入的模式,但是家族管理和控制企业的意图是设计并实现家族愿景,绝大多数家族企业主都希望能够将企业传给自己的子女。从某种程度上来说,正是为了实现"子承父业"的梦想,家族企业主们才致力于将企业做大、做强。Chua et al.(1999)对搜集到的 250 多篇有关家族企业的研究文献进行筛选和分析后发现,之前的研究其实还没有真正抓住家族企业的实质。他们认为,要得出家族企业的特性,不能仅仅从家族对企业的管理权和所有权来考虑,当然,权力维度是必要的,但并不是充分的,权力维度还不能将家族企业和非家族企业严格地区分开来。对家族企业的有关研究强调家族对公司发展方向的控制意图。(Chrisman et al.,2003;Habbershon et al.,2003)在此基础上,Chua et al.(1999)提出从家族意图视角来定义家族企业。他们认为,企业之所以成为家族企业是因为其行为,而行为来自一定的意图。意图是行为的先导(Ajzen,1991),同时家族企业是典型的企业家控制的企业,所以企业家的家族意图必然直接影响着企业治理结构的安排。本书在对治理结构演变的研究中,也纳入了家族意图这一维度,具体而言,包含在家族后代中传承企业的愿景和目标。

　　因此,本书在考察家族企业治理结构演变的过程中,除考虑了传统意义上的公司治理结构维度之外,还考虑了家族内部的家族成员与企业间关系、家族成员与非家族成员间关系的治理等方面的内容。具体而言,包括家族企业演变过程中家族成员之间亲缘关系的变化程度,以及企业主将家族企业传承给家族后代的愿景。

综合以上分析,本书研究的重要概念——治理结构演变——包括四个维度:家族规模、家族权力、亲缘关系及家族意图。家族企业治理结构演变概念的具体内容见图 1-2。

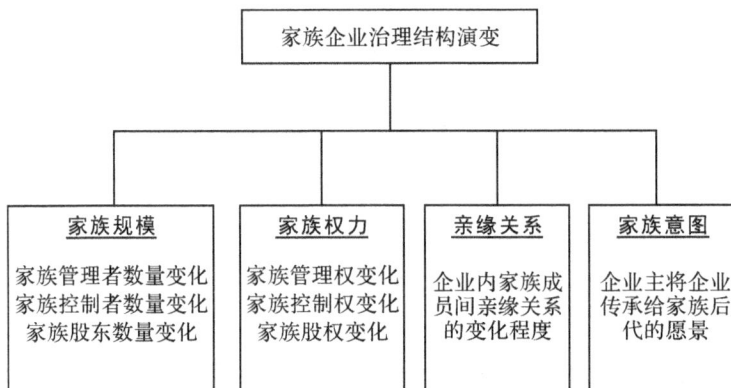

```
        家族企业治理结构演变
   ┌───────┬───────┬───────┬───────┐
┌─────────┐ ┌─────────┐ ┌─────────┐ ┌─────────┐
│ 家族规模 │ │ 家族权力 │ │ 亲缘关系 │ │ 家族意图 │
│家族管理者│ │家族管理权│ │企业内家族│ │企业主将企│
│数量变化  │ │变化      │ │成员间亲缘│ │业传承给家│
│家族控制者│ │家族控制权│ │关系的变化│ │族后代的愿│
│数量变化  │ │变化      │ │程度      │ │景        │
│家族股东  │ │家族股权  │ │          │ │          │
│数量变化  │ │变化      │ │          │ │          │
└─────────┘ └─────────┘ └─────────┘ └─────────┘
```

图 1-2 本书涉及的家族企业治理结构演变的维度

1.4 研究方法与技术路线

1.4.1 研究方法

本书以家族企业治理结构演变为研究主线,结构的演变过程是一个动态过程,受内外部多种因素的影响,进而表现出变化性和复杂性。本书研究的是家族企业治理结构演变的过程和发生机理,这需要在理论分析的基础上,将管理学、经济学与社会学等多学科进行交叉研究,并结合定量研究与定性研究,再运用文献分析和实证研究相结合的方法对研究问题进行进一步的探讨。选择和确定合适的研究对象是要解决的首要问题。

(1)确定研究对象

本书以家族上市公司为研究对象。对于家族企业的界定,本书借鉴苏启林等(2003)、贺小刚等(2009)和连燕玲等(2011)的做法,以下列标准确定:①最终控制者能追踪到自然人或家族;②最终控制者直接或间接持有的公司必须是被投资上市公司的第一大股东。目前,这一标准已受到学者的广泛认同。

(2)研究方法

①文献查阅。关于家族企业的研究文献很多,关于家族企业治理问题的研究文献也很多,因此首先需要整理和分析相关学者对家族企业及其治理问题的相关研究成果。在家族企业研究领域,直接研究家族企业治理制度变迁及其成因的文献还很少,本书着力研究影响家族企业治理演变的因素,也意在从一个新的视角解析家族企业内部治理结构的演变过程。如何从已有的文献资料中把握家族企业治理结构演变研究的观点和研究范式,是本书需要解决的关键问题。本书通过梳理以往的研究成果,并结合中国家族企业治理结构演变过程的特征,基于制度文献的视角,系统分析制度理论与家族企业治理制度两个研究方向的文献,从文献中找出已经发现的有关家族企业治理制度演变及其原因的内容,从而为本书的研究打好扎实的理论基础。

②理论提炼。对于家族企业治理问题的研究,以往是基于企业生命周期理论、委托代理理论、资源基础观、信任视角及家族情感财富理论等进行的,产生了丰富的研究成果。而对于治理问题中的治理演变过程实际上是一种治理制度的变迁,学术界也有不少类似的观点,如制度理论对制度变迁具有较好的解释力,但如何在现有的观点及本书研究的基础上对新发现的现象和观点予以理论提炼,则是本书需要解决的问题。

③理论模型构建。本书将利用新制度学派理论梳理现有文献,分析家族企业公司治理制度演变的特征,探讨家族企业如何通过源自社会"合法性"机制和来自企业内部的"组织认同""家族认同"的多重影响,实现家族企业治理结构的演变;再从理论上探讨家族企业 IPO 后的治理结构演变时间和路径的差异化之源,并在此基础上建立相应的理论框架和研究模型。

④定量分析与模型检验方法。在相关理论模型的检验方面,本书运用聚类分析、相关分析、因子分析、T 检验和回归分析等方法,用实证数据回答模型假设是否成立及成立的条件,分析关键要素的一般特征及相互之间的关系和影响程度,并在此基础上衡量与检验有关理论、观点和假说的正确性。

1.4.2 技术路线

清晰的研究思路将有助于研究的问题顺利解决,为此,本书设定研究的技术路线,如图 1-3 所示。

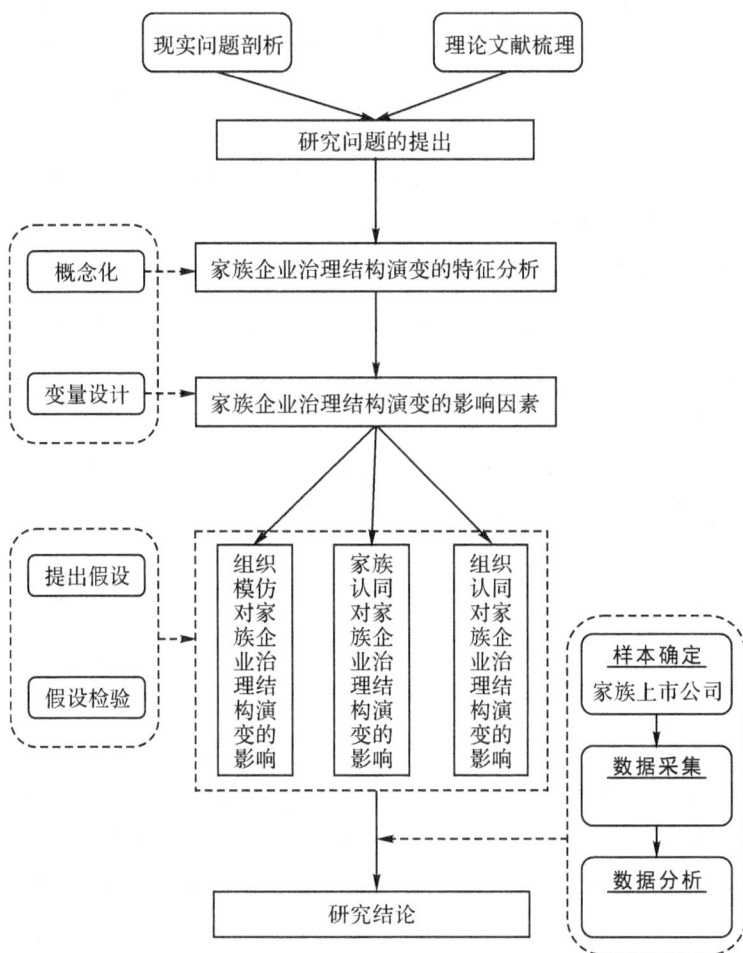

图 1-3　技术路线

本书通过互联网、上市公司年度报告等获取二手数据,把握我国家族企业治理结构的现实状况,提炼治理结构演变过程中的现实难题;同时,运用文献研究方法,系统梳理国内外相关领域的研究成果及方法,确定研究问题和总体研究框架。

　　基于家族企业治理结构的演变特征,在把握理论和现实状况的基础上,本书将现实问题理论化、概念化,进一步分析影响家族企业治理结构演变过程的因素,提炼并设计相关研究变量。在此基础上,本书围绕核心理论问题提出假设;利用家族上市公司的年报数据,确定数据结构并搜集其他相关数据,构建研究所需的数据库;利用统计分析工具对模型中相关指标的定量资料进行相关分析,建立回归模型,并进行显著性检验。

　　最后在上述理论和实证研究的基础上,梳理研究成果,形成研究结论。

1.5　结构安排与主要内容

　　本书共分为 6 章。

　　第 1 章为引言。首先介绍了本书的研究背景,在此基础上分析和提炼文章的研究目的与研究意义,并分别从理论意义和实践意义方面进行阐述;其次对本书涉及的一些重要的基本概念进行解释和释义;最后介绍了本书进行研究的基本框架、方法和技术路径,并对创新点进行了归纳。

　　第 2 章为研究综述。主要从三个方面对研究的问题的相关理论进行评述:第一个方面,家族企业治理结构演变过程的比较分析。在第 1 章问题提出的基础上,第 2 章对美国、日本和中国的家族企业治理结构演变过程进行对比,分析不同国家的家族企业演变动力的差异,并具体探讨家族企业内权力的转化方向,权力转移时的拓展准则和拓展范围,以及之后的企业股权结构演化等重要的特征。第二个方面,基于研究的问题,以及对不同国家家族企业治理结构演变过程与特征的分析,对家族企业治理的相关理论进行系统性的梳理和回顾,并基于中国家族企业的治理结构演变特征,对相应的文献进行评述,为理论模型的构建和实证研究奠定基础。第三个方面,对制度理论的相关研究进行评述,为理论模型的构建和假设的提出提供基础。

　　第 3 章为理论模型的构建和研究假设的提出。在系统分析家族企业治理结构文献的基础上,对本书研究中用到的文献进行概括性的介绍,并在理论的基础上构建本书的研究模型,对核心变量间的关系进行假设。

　　第 4 章为研究设计和关键变量的测量。在理论模型和研究假设的基础上,确定所要研究的样本和数据来源,对书中涉及的变量进行定义并介绍变量的测量方法,再对实证研究进行设计。

第 5 章为数据分析和假设检验。利用本书研究过程中针对家族上市企业构建的数据库,对研究变量进行描述性统计,随后进行多元线性回归,对假设进行检验,并讨论结果。

第 6 章为结论和展望。指出本书研究的主要结论,进一步分析根据研究结论得到的启示,并指出目前研究存在的局限和未来的研究方向。

第2章 研究综述

本章将从三个大的方面对文献进行梳理：第一方面，主要探讨针对家族企业治理模式的相关研究，在对不同视角的研究进行分析和归类后，结合前文对家族企业治理结构演变模式的特征进行比较分析；第二方面，将探讨目前对家族企业治理结构演变问题的研究中所存在的局限；第三方面，进一步提出制度学派的研究视角，并以此对制度理论的相关研究进行梳理。

2.1 家族企业治理结构演变过程的国际比较

"动态竞争"理论的构建者陈明哲（2007）在 *Competitive Dynamics Research：An Inside's Odyssey* 一文中指出，不同于西方的家族企业，在中国等许多亚洲国家中，更多观察到的是"企业家族"。"家族企业"与"企业家族"是否能直接画上等号呢？

家族企业的治理问题伴随着家族企业的成立而产生，也是学者们长期关注且亟待深入剖析的热点课题。关于家族企业治理效应的研究尚没有取得一致性的研究结论。（Gomez-Mejia et al.，2001；Schulze et al.，2003；Chrisman et al.，2004）本书梳理了现有的对家族企业治理效应的研究文献后发现，之所以出现这种研究结论不一致的现象，与该领域学者将家族企业的治理同质化，并没有考虑到家族制企业之间存在巨大差异的事实，以及对家族制度演变的动态过程未给予充分的重视有关。通过前文对家族企业定义的介绍可见，目前对什么使家族企业存在多种类型的理解，不同的学者从不同的角度对家族企业进行了定义，这恰恰说明了家族企业在治理上存在的差异性。如果简单地将不同的家族企业的治理视为相同的现象，则忽略了家族治理的本质特征，也忽略了家族企业治理制度不断演变的过程,不利于挖掘家族企业的治理本质,也不利于家族企业在实践中不断突破发展障碍,朝更有效率的形态不断演变。

世界范围内经济发达地区的家族企业如美国家族企业、日本家族企业等的发展具有一定的代表性,本书将先对它们的演变模式进行总结和梳理,再对比分析我国家族企业的特征,从而更加深入地展现我国家族企业治理结构演变的特征,并以此为契机,判断我国家族企业治理结构的演变是否可以用发达国家已有的研究成果来解释和梳理。

2.1.1 美国家族企业治理结构的演变

Bukart et al.(2002)比较了不同国家和地区的家族企业发展过程中的治理结构演变路径,发现不同国家和地区的家族企业的治理制度和治理结构的变迁路径存在显著差别。

钱德勒(1977)的研究发现,在 1790 年以前,占美国经济主导地位的经济单元是家族,最常见的形式是家族农场,家族企业主将家族企业视为一种自立门户的形式,企业主通常会聘请一两个学徒或雇工来帮忙,并将其视为家族成员。到 1790 年,美国商人开始借鉴荷兰和英国商人发明并完善的一套方法。16 世纪初,英国和荷兰的特许贸易公司的出现,一方面是为了满足海上贸易和海外殖民发展的需要,另一方面是为了分散海上贸易所产生的巨大风险。这些公司采取众多投资者集资的方式筹集企业所需要的资金,与此同时,个人企业主通常并不具备足够的能力承担远洋贸易带来的巨大风险,需要聘请一个拥有足够经验和能力的人来负责业务。美国企业在借鉴这些方式之后,产生了一批绩效好、家族代际成员涉入程度深的家族企业。19 世纪 40 年代,美国的家族企业都是以小规模和个人经营的方式为主,在商业、金融业及生产行业中,家族企业都是唯一的组织形式。这种家族式企业是由创始人或创业家族通过挖掘商业机会、成功整合资源而创立的。企业成立后,其控股股东一般是创始人或创业家族的成员,企业所有权和经营权集中于其一身,企业规模通常很小。之后,随着交易量的不断增加,单一的业主制企业逐渐演变为合伙制的家族企业,由两到三位关系亲密的合伙人共同创建并打理。然而,当合伙的创始人之一离任、退休或死亡后,家族企业的组织形态就发生了改变。上述企业的几乎所有的高层管理者都是企业的所有者,这个时候的家族企业,尚未出现专业的管理层,家族企业仍采用非常传统的模式进行管理。

家族企业的重要演变动力来自技术的发展和制度的创新。到 19 世纪 80 年代,为满足技术进步和大规模生产带来的巨额资本需求,公司在股东构成及经营方式上产生了重要的演变,传统的家族企业开始出现裂变,这在铁路企业中表现得最为明显。铁路企业一开始就采用公司所有权和经营权相分离的模式。企业的发展需要巨额的资金,因此,企业会用发行股票的方式来募集资金;铁路企业的经营又需要具有铁路和桥梁建筑经验的工程师,这些专业化的经营管理仅靠股东不可能完成,只有支薪的职业经理人才能胜任,于是逐步产生了具有现代企业特征的企业制度,企业的所有权和控制权逐步分离,使分散的股东远离了企业的实际经营权。支薪经理人员的出现意味着美国家族企业专业管理层成员的产生,企业开始由具有经验的职业经理控制,这一阶段家族企业的演变,虽然没有在本质上改变家族企业主对企业所有权和控制权的掌握,但经理人革命在一定程度上加速了企业股权多元化的进程。

到 20 世纪初,美国经济结构产生了重要变化:一方面,消费市场逐渐发达,制造业企业面临的市场更加广泛,产品结构也更为丰富,这时家族企业的集权化管理已经很难满足企业运营的需要;另一方面,随着社会的发展,并不断受到移民国家特有文化的影响,再加上美国特有的个人主义精神,使得社会的经济权力被广泛分散,金融中介机构被拆散成规模小且分散的单元,企业发展中的融资需求要借助于证券市场才得以满足。在这样的背景下,许多家族企业进行了分权改革,将日常经营管理事务分配给了众多的经理人员。家族企业的所有权逐渐变得极度分散,企业开始聘用家族外的职业经理人,并且将企业的权力配置给职业经理人,在家族成员和职业经理人之间形成了良好的分工和合作关系。随着企业的发展和不断成熟,创始人或创业家族会逐渐淡出企业的经营管理,直至退休,家族的继任者仅维持最低限度的所有权,而控制权则交给家族外部成员。

到 20 世纪 60 年代,家族企业可能仍被某一家族所控制,但企业的发展已经完全实现了所有权和管理权的有效分离,家族控制的股权大幅下降,而职业经理人员控制的股权则显著上升。传统的家族企业占美国企业的比例已经非常低了,高层管理人员对企业的控制力不断地提升,而控股股东的作用则逐步下降,在这个过程中,很多美国的家族企业在创始人退休后,实现了由职业经理人完全控制企业所有权这一目标。

2.1.2 日本家族企业治理结构的演变

与美国家族企业治理制度和治理结构演变路径相比,日本家族企业的治理结构在发展的过程中存在着不同的方式,其家族企业的演变过程带有明显的政府主导性质。

日本家族企业最基本的形态是业主制和合伙制。家族企业的出现,早于日本资本主义制度的建立,且家族企业是广泛存在的。20世纪40年代后期,随着“二战”的结束,日本社会的政治和经济环境发生了重大变化,美国对日本实现了解放财阀的运动,日本公司治理价值取向是美国占领军把公司制度“强加”给日本社会后,美国公司制度与日本固有的传统文化价值观相结合的产物。日本家族企业开始由财阀式的结构逐渐演变为财团式的企业集团,在企业的管理上出现了一种“类家族式”管理。类家族式管理是指家族企业的发展呈现一种开放化和社会化的趋势,企业开始出现现代企业的特征,家族企业逐步纳入一些家族外的成员参与企业的管理。虽然在管理上家族企业出现了一定的开放性,但是日本的家族企业仍然带有鲜明的传统特色,具体表现为企业的终身雇佣制和年工序列制等。此外,家族企业在创始人退出企业后,不同于美国模式的所有权去家族化,日本家族企业的所有权普遍保留在家族中,采取一种长子继承制的模式。然而这个长子,却并不是严格地限定于家族内部成员,也可能是企业主的义子等并不含血缘关系的外人。

必须指出的是,家族企业的这种演变方式跟日本的家族观念是有很紧密的关系的。在日本文化中,家族成员的联系相对而言并不频繁,其人际交往并不以血缘关系为基础,家族更多地被认为是一种受到大家认可的家庭成员共同拥有的财务信托机构。企业的管理权则或交给家族成员,或交给聘请的外部职业经理人,家族企业的各个职位也可能由一些并不具有血缘关系的外部人员担任。因此,在日本的家族企业制度演变过程中,企业领导权和控制权始终掌握在受到广泛认可的家族手中,且企业培养出许多并无血缘关系的组织成员,他们对家族企业有较高的忠诚度,为家族企业制度化做好了准备。正是由于业主制和合伙制的有机融合,家族企业的目标在很大程度上是一致的,企业也较早地实现了专业化管理。日本的家族企业是以家族血缘关系为基础形成的财团企业,它的最高决策权受到家族组织的严格控制,因此企业的组织形态呈现出一种纵向垂直的金字塔式结构。日本的丰田汽车公司就是一个典型代表。丰田家族在丰田汽车公司的股权不足 2.5%,尽管公司内部也有着家族与外姓人之间的派系斗争,但丰田家族成员始终担任着丰田汽车公司的要职,牢牢控制着丰田汽车公司的前进方向,丰田汽车公司现任总裁丰田章男就是创始人丰田喜一郎的孙子。丰田汽车公司的奇迹离不开日本社会对创始人特别尊崇的文化环境,日本人对丰田家族的认同感已经形成了一种金钱也难以改变的强大力量,而在欧美,这种单向度的认同并不常见。

在规模上,日本的家族企业的主要特征为大型化,这和企业与政府仍然保持着千丝万缕的联系有密切的关系。日本政府政策的导向是对大规模的企业采取一系列倾斜政策,限制企业设备的最小规模,鼓励企业合并,因此出现了一大批迄今为止仍然非常有影响力的家族企业,其中包括丰田汽车公司、三菱商社等等。此外,与欧美国家的家族企业相比,日本的家族企业数量较多、比重较高,它们并不是孤立存在且独立运营的,往往通过各种联系与大企业结合在一起经营。

2.1.3 中国家族企业治理结构的演变

在广大发展中国家中,家族企业的组织治理模式也在不断地演变。这些国家的家族企业,大都是建立在以家族为代表的控股股东模式基础之上的。以中国的家族企业为例,中国的家族企业存在的历史十分悠久,家族企业的产生,是企业组织形式演变的结果。近代的家族企业的演变,简单来说是由明清时期的以晋商和徽商为代表的组织全体,即借助宗族力量发展的企业组织,演变为清末时期的官方主导型的官商合办的组织形式。而在 1949 年至 1978 年的 30 年间,受到内外环境的剧烈影响,中国的私营经济发展基本停滞甚至消亡。因此,从制度演变的路径依赖角度而言,当下中国家族企业的组织演变模式受 1949 年之前家族企业组织模式的影响是有限的。而十一届三中全会之后,中国经济高速发展,家族企业的主要群体中的私营企业对经济的发展起到了非常重要的促进作用,而之后家族企业的演变发展路径对于企业本身的健康持续发展具有重要意义。基于以上分析,本书将重点比较当今家族企业治理模式的演变路径。

潘必胜(2005)的研究表明,在早期的中国家族企业的创始人中,35.80%是买办及买办商人,30.86%是官僚地主,18.53%是一般商人,7.42%是华侨商人,7.41%是手工作坊主。十一届三中全会以后,中国经济经历了十年的调整和恢复期,在1978—1987年间,家族企业逐步发展,建立了以个体工商户为主的家族企业组织形式;在1989—1991年中,受到外部环境的影响,家族企业经历了曲折发展,产生了一些适应外部环境的"红帽子"行为,例如,为家族企业寻找靠山,或者戴上集体的帽子。1992年邓小平的南方谈话,确定了市场经济体制改革目标,私营经济被纳入国家基本经济制度之中,这些都为家族企业的发展创造了大好的历史机遇,中国家族企业的发展至此从一种"地下经济"逐渐转为一种受到社会认可的合法组织。在福建和浙江等地区出现的合营公司、联户企业,成为改革开放之后家族企业的最初形式。私营经济逐渐被意识形态和正式制度所接受,家族企业迅猛发展,逐步成为中国最具活力的企业形态之一。

家族企业通常由创始人或创业家族创立,随着企业的不断发展,股权会在家族中呈现一种集中的趋势,企业会不断吸收家族成员进入董事会或高管层,参与企业的经营管理,企业的控制权呈现家族化倾向,家族成员在企业发展中占据着较强的支配地位。企业的董事长或总经理通常是由家族成员担任的,企业的重要决策由具有极强的家族权威的成员个人或集体共同确定;非家族成员也会进入企业,参与经营管理,但通常只是负责决策具体的操作和实施。

在创始人退出企业或者去世后,家族成员或创始人后代继承企业的所有权,同时管理权也大多掌握在家族成员手中。如果企业的发展要求专业人士参与管理,家族企业就会选择"联姻"等方式将其"家族化"。这就是说,对于目前向现代企业制度转型的中国家族企业而言,家族成员都会倾向于将企业的所有权和管理权控制在家族内,家族成员仍旧非常注重保留控股权(张厚义等,2005;Tsang,2002;储小平,2004),企业在内部管理上仍旧广泛地采取家族制模式。不同于美国家族企业演变路径中的"完全企业化",目前中国的家族企业很少有完全演变至家族企业发展的第三个阶段,即"完全企业化"阶段的,处于该阶段的家族企业大多充分引入外部人员参与企业治理并充分赋予其控制权甚至股权。

2.1.4 家族企业治理结构演变的对比分析

在梳理美国、日本和中国家族企业治理结构演变过程之后可以发现,对家族企业的研究不能脱离具体的文化和制度背景。从理论上来说,家族企业的演变和发展就是适应环境的一种结果,不论是美国、日本还是中国,现有的家族企业和若干年前的家族企业显然都是不同的。因此,对家族企业的研究,不宜采取一种静态的方式,而是更应当从一种动态的、演变的视角来进行。

随着世界经济一体化和国际竞争的加剧,世界各国的企业治理制度和治理结构出现了趋同的迹象。(DiMaggio et al., 1991; Oliver, 1992; Scott, 1995)然而,德鲁克(1999)曾经指出,表面上看,海外华人企业的组织形式和其他企业的类似,都会按照公司方式组建,设置董事会,聘请公司职员,但实际上它们与世界经济中其他形式的运行方式和演变思路均不完全相同,描述它们的最佳方式,也许是将其视为一种一起运营操作的家族。中国的家族企业与美国、日本的家族企业各自依循不同的路径发生着演化和改变,或者说,决定中国和发达国家的家族企业走势的本质因素是不同的。对上述三个国家家族企业的演变过程进行深入对比后可以发现,虽然这些家族企业在演变形式上表现出相似性,但其治理理念和制度选择在本质上存在差异。

在美国,基于家庭、家族建立的家族企业这种组织形式解决了工业化进程初期劳动力供给不足的问题,现今的家族企业已经基本在两权分离的基础上建立了现代企业治理制度,企业的发展模式主要是一种自发式的演变,演变过程受新教伦理与契约精神的影响。随着经济的发展,家族企业引入职业经理人,对企业进行专业的经营管理,契约精神对家族企业的治理结构的发展有着至关重要的作用;家族成员和职业经理人在企业的权力、责任和利益关系的分配上比较明确,且家族企业的社会化程度逐渐加深,企业不断吸纳外部人力资本,企业的创始人或创业家族慢慢演变为一般的持股股东,对资本的需求主要由外部发达的证券市场满足,企业融合了外部金融资本,负债率相对较低,企业股权日趋分散,企业的权力由"董事会中心主义"逐渐过渡到"经理层中心主义"。随着家族企业中越来越多外部股东的融入,美国家族企业在治理形式上与非家族企业的已经非常接近,治理过程的核心机制就是保障股东主权与利益,其治理结构与非家族企业的并不存在显著差异,企业的治理效率逐步提高。对于企业而言,外部市场的监控力度很大,其中对家族企业的监控也主要来自外部市场体系。在对投资者法律保护较好的国家,如美国和西欧等,家族所有能提高企业绩效。

日本的家族企业主要是基于政府行政指导和企业自治相结合的模式来不断演变的,其演变过程也受到日本传统文化和制度背景的影响,这一特点自 1947 年美国试图在日本推行美国的公司模式起就得以体现。美国占领军在解散了日本的旧财阀后,将其掌握的家族企业股份转移到由占领军控制的"控股整理委员会",再通过"控股整理委员会"将这些股份优先出售给企业的员工和当地居民,并规定每个人的持有股份不得超过企业总股本的 1%。但是日本传统价值观念中的"集体主义"和"家长主义"并没有让日本的家族企业按美国预先设定的模式发展,绝大多数股东都抛售了手中的股票,家族企业逐步形成了公司之间交叉持股的模式,权力在家族成员与受到认可的非亲缘关系成员之间分散配置。日本的家族企业发展过程中所需要的资本,主要是通过银行筹资的方式获得,企业的负债率较高,治理具有强烈的"集体主义"价值取向,银行作为集团的核心,通常拥有集团内企业较大的股份,并且控制了这些企业外部融资的主要渠道。在公司治理中,股东并不优先于其他利益相关者,而是把合作伙伴作为公司重要的利益相关者,甚至优先实现他们的利益。同时,市场监控力度相对较小,对企业的监控主要来自家族企业各利益相关主体。

我国的家族企业起步晚,大多还处于发展初期,再加上我国特有的文化的影响,家族式管理模式的特点尤其突出。不同于日本家族企业政府主导下的自为式演变模式,中国家族企业的演变过程,更多的是一种基于制度环境演变的自适应性行为。受到传统的"君君臣臣"式集权思维影响,中国家族企业的创始人或创业家族在企业发展的过程中,始终牢牢地掌握着企业的控制权,尽管很多家族企业经历了 IPO 并成功上市,但中国家族企业的主体结构的演变仍带有强烈的血缘、亲缘和地缘特性。

在家族企业创立的初期,当企业的规模较小时,家族企业的主要员工都来自家族内部,家族企业更多地选择在公司中重用和安插有血缘关系的亲属,主要包括创始人的兄弟及拥有相对亲密关系的家族成员,帮助创始人管理企业。即创始人和创业家族拥有家族企业的全部或大部分股权,并通常由创始人亲自担当董事长,负责企业的经营管理。甚至在公司规模较小时,所有的员工都是自己的亲属,家族企业大量地招收同宗族的家族成员,企业内部的人员关系如同家长与子弟的关系,家长是家族企业唯一的决策人,通过创始人、创业家族对公司进行直接控制,对家族企业和家族资源承担完全责任。

之后,随着企业的不断发展,其股权模式由股权单一化逐渐演变为家族内部股份制模式。随着家族企业的迅速发展,其所处的产业领域更为宽泛,经营范围日益拓展,家族企业主的子女、亲戚也逐渐开始要求与创始人分享企业的所有权,股权可能会在企业主的妻子、子女、兄弟姐妹之间按照一定的分配比例进行配置,企业由原来的创始人个人控股模式逐渐转向家族内部股份制。此时,家族成员的忠诚、利他主义行为有利于减少交易成本,降低信息不对称程度。这一阶段被称为"典型的家族企业"阶段,也是企业家族化的时期。随着上述模式的发展,也逐渐产生了对企业治理的需求,虽然家族成员内部具有较高的风险精神和利他主义行为,且家族成员能以企业的长远发展为目标,但是企业的资本结构决定了其可能出现对家族外群体利益的忽视这一现象,甚至可能对其他股东的利益进行侵占,由家族直接控制企业的发展。

经过资本积累与壮大,家族企业逐渐进入成长期,随着外部环境的发展和家族企业这种组织形式不断地受到社会认可和接纳,企业需要面临更为复杂的管理任务,企业的治理结构出现了一些新的变化。在家族企业的演变过程中,企业主对管理权的配置等出现了一定程度的社会化趋势。家族企业的经营范围进一步扩展,因此在企业的发展过程中,需要不断地纳入家族成员参与企业的管理,或分享企业的所有权,企业的所有权和经营权分散在家族成员的手中。Redding(1993)发现,在这个过程中,我国家族企业不断纳入的管理者大多局限在与创始人存在亲缘关系的狭小范围之内,比如存在亲缘关系的家族成员,或者是有过共事经历、有类似经历等的成员。家族企业的所有权掌握在创始人或家族成员、亲戚、朋友、熟人等具有亲缘或泛亲缘关系的成员手中,外部股东数量很少且持股率低,包括正式的组织机构,如银行与风险投资机构占企业股份的比例很小。(李新春等,2000)贺小刚等(2010)发现,我国家族企业权力的配置存在明显的差序格局,具体表现为一种亲缘效应,也就是家族企业所有权、控制权和管理权的配置在具有不同亲缘关系的家族成员之间存在差异,具体包括:基于泛亲缘关系的权力配置,即由一个家族成员控制股权或控制管理权,呈金字塔结构,而没有其他任何具有亲缘关系的家族成员一起参与控制;基于核心家庭关系的权力配置,即参与控制的家族成员与实际控制人是夫妻、父子(女)或母子(女)关系;基于近亲关系的权力配置,即参与控制的家族成员与实际控制人是兄弟或姐妹关系;基于远亲关系的权力配置,即参与控制的家族成员与实际控制人是上述关系以外的其他亲缘关系;基于复合型亲缘关系的权力配置,即参与控制的家族成员由多种不同类型的亲缘关系组成。在由多个家族成员一起控制的家族上市公司中,核心家庭关系的家族成员主要是通过股权分享的方式对其进行控制,他们相对较少地进入权力机构参与经营决策和控制;而由具有远亲关系的家族成员控制家族上市公司是更为普遍的治理模式,这是在核心家庭关系的家族成员与近亲关系的家族成员供给不足的情况下相对可行的治理模式。

一个家族不可能是由众多有着完全相同利益和目标的个体所组成的同质体。(Sharma et al.,1997)受到上述多样化的家族企业权力配置模式的影响,再加上家族成员来源的多元化,家族内部的关系变得更加微妙和复杂,因为所有这些家族成员都在心理上认为自己对企业拥有了剩余索取权,应在企业决策过程中享有发言权。(Schulze et al.,2003)然而,不同的亲缘关系的信任基础和利他主义情结是存在差异的,因此我国家族企业发展中不可忽视的问题就是不同亲缘关系的家族成员之间代理成本的差异,企业成员会因为目标的不一致和权力分配的不均衡而产生各类冲突。企业逐步发展,需要引入现代企业制度,摆脱完全家庭式管理所带来的利益关系不明确等现状,从而在员工管理、公司规定上更规范化、制度化,不完全以早先家族权威或私人规则寻求法律外解决问题的方法;家族企业也会考虑纳入家族之外的职业经理人,招募一定数量的非家族成员,但这些非家族成员所负责的工作范围是有限的。企业主虽然在一定条件下愿意与他人分享所有权,但重要的经营管理权仍高度集中于家族成员手中尤其是创始人手中，即使在企业取得一定的发展之后，家族成员仍旧是企业主主要的依靠对象，尤其是核心家庭成员。因此，我国家族企业仍没有采用真正意义上的现代企业治理模式。

同时，对于中国的家族企业而言，其面临的市场和外部监控力度小，监控主要来自以血缘为纽带的家族。但是，企业是契约化的组织，而家族是血缘、亲缘的组织，两者的基础和运行原则并不完全一致。因此，家族目标随时都有可能与企业目标发生冲突，引发张力与对立诉求，治理结构演变或变革的需求由此产生。

本书对美国、日本和中国的家族企业治理结构演变进行了对比分析，从各方面总结了上述三个国家的家族企业的动态演变过程的差异性，具体见表2-1。

表2-1　美国、日本和中国的家族企业治理结构演变的差异分析

	美 国	日 本	中 国
演变背景	契约精神与分权思维	集体主义与非亲族合作关系	家文化与集权思维
演变动力	自发式	政府主导下的自为制	制度诱发式
权力转化方向	由"董事会中心主义"向"经理层中心主义"转变	权力在家族成员之间分配	权力逐渐集中于家族
权力拓展准则	治理效率	集体主义	差序格局
权力拓展范围	基于企业治理效率提高的路径演变	基于受到认可的非亲缘关系集体的利益	亲缘关系近的范畴内
股权结构演变模式	日趋分散	相对集中，企业相互交叉持股	在家族成员之间相对集中
内部治理核心	股东主权	发达的社会资本	血缘和亲情
外部资本的融合	融合外部金融资本与人力资本	融合外部人力资本	融合外部金融资本
决策方式	偏向个体决策	偏向集体决策	个体或家族决策

	美　国	日　本	中　国
发展或变化趋势	逐渐重视内部控制	强化外部控制	强化内部控制
演变后的层级结构	单层制	并列制	并列制

资料来源：作者根据相关文献整理所得。

　　通过上述分析，笔者来回答本节开篇所提到的问题："家族企业"是否等同于"企业家族"？从美国、日本和中国的家族企业治理制度的演变上看，中国的家族企业与美国、日本的家族企业存在着明显不同的特征及演变方式，这种差异性具体表现在演变过程中促使企业治理结构发生演变的动力、权力转化方向、权力拓展准则、权力拓展范围、股权结构演变模式、内部治理核心和外部资本的融合等各个方面。而这些维度上的差异，则充分说明了中国家族企业中的"家族"特征。家族企业的治理结构演变路径和方式受到特定文化和制度背景的影响，这种文化和制度背景的影响在中国家族企业治理结构的演变过程中尤为明显。

　　中国的家族企业治理结构演变过程蕴含了一些独特的现象，存在一些产生于演变活动过程之中的、看似简单却很有挑战性的问题，如为什么中国的家族企业会在某一特定的历史时期发展迅猛，而在某些时期则发展受阻甚至消亡？为什么家族企业特别强调家族控制？为什么家族企业要在发展的过程中表现出明显的家族封闭性，且特别偏好吸纳家族成员？在家族企业发展和演变的实践中，其吸纳家族成员究竟主要取决于亲缘关系的远近还是家族成员能力的高低？

　　结合中国家族企业治理结构的特征和演变过程中蕴含的一些独特的现象，本书接下来将探讨目前国外的相关研究是否适用于中国，是否能对中国家族企业治理结构演变过程中出现的一系列问题进行有效的解释。因此，下文将对涉及企业选择家族企业治理（或其相反方向"职业化管理"）模式的原因等研究成果进行梳理和分析。

2.2 家族企业治理的理论基础

家族企业的治理是学者们长期关注且亟待深入剖析的课题。为什么一些企业在发展过程中会一直采取家族制,而一些企业在发展过程中则不断地纳入家族外部成员并努力实现职业化管理? 这是家族企业治理中十分关键且一直引发广泛关注的问题。针对家族企业的治理问题,在相关学者多年的理论探索过程中,委托代理理论、资源基础观、社会网络理论、战略适应理论、认知理论和制度理论等来自组织、战略与行为科学等领域的成熟理论被相继引入。针对这些领域的理论,已有学者从各个不同的视角对此进行了分析,基于代理成本(李新春,2003;储小平,2002)、生命周期理论(苏琦等,2004;许忠伟,2007;甘德安,2010)、家族控制情感(Morck et al.,1998;Jim et al.,2004;Deangelo et al.,1985;Tsang,2002;苏启林等,2003)、信任机制(李新春,2002;储小平等,2003)和家族权威(贺小刚等,2009)等视角的研究均成为解释家族企业治理路径的重要理论基础。在系统回顾关于企业成长的研究文献的基础上,本书认为,无论是基于组织特性的企业生命周期理论与资源基础观,还是从经济因素出发的委托代理理论及管理理论,抑或是进一步考虑基于情感、信任等非经济因素的信任视角及情感财富视角的研究,都在一定程度上解释了企业的家族制演变问题,但同时也存在一些不足之处。

2.2.1 基于企业生命周期理论的研究成果

(1)企业生命周期理论视角下的家族企业治理

在中国,每年新生 15 万家民营企业,同时每年又死亡 10 万余家民营企业,企业平均寿命只有 2.9 年,也就是说,中国的大多数家族企业在企业生命周期的前端就失败了。企业有一定的生命周期,而对企业发展的过程和时期的划分,则是企业生命周期理论的主要内容,其基本思想出现的显著标志是 1959 年英国管理学教授伊迪斯·彭罗斯(Edith T. Penrose)的著作《企业成长理论》的出版。企业生命周期理论把企业看成一个系统,认为企业的兴衰不是单一因素造成的,而是系统内外各种因素共同作用的结果,同时,企业系统在不同时期有不同的特征和问题,需要权变地选择解决问题的方法与战略。许多学者是从组织如何随着时间而不断演变的角度来研究企业的成长和发展问题的,其中具有代表性的是美国管理学家 Adizes(1989)的研究。Adizes(1989)认为,企业像所有的生物体一样,都具有生命周期,他将企业生命周期划分为三个阶段十个时段,三个阶段包括成长阶段、再生与成熟阶段和老化阶段,其中成长阶段包括了孕育期、婴儿期和学步期三个时段,再生与成熟阶段则包括青春期、盛年期和稳定期三个时段,老化阶段则涵盖了贵族期、官僚化早期、官僚期和死亡期四个时段。对于家族企业而言,在初期,企业家的社会资源是影响企业家能力的最重要因素,创始人的潜力越大,创业家族成员的共同合作越能够降低交易费用。Beckhard et al.(1983)指出,许多家族企业虽然在初创期很成功,但能持续在管理上获得成功的并不多,美国家族企业的平均寿命是 24 年,而家族企业的创始人的平均任期也是 24 年。随着企业的发展,创始人的信息源会变得日趋同化,钻研学习的兴趣也迅速下降(Stevenson et al.,1990),他们自身的有限理性难以确保其认知模式与动态成长着的企业的进化模式协调一致(梁能,2003),因此他们最终退出经营领域存在必然性(Hanbrick et al.,1991)。

Adizes(1989)指出,盛年期是企业生命周期的理想点,企业要永保盛年期,关键是要不断地注入新的活力,否则企业就会不可避免地走向官僚期和死亡期。对于家族企业而言,这就意味着,此时的企业需要纳入新的组织成员从事经营管理活动,对企业实施有效的管理与控制,充分抓住盛年期的发展机遇,而企业的管理层结构或所有权结构会随之发生变化。在此期间,如何将家族企业的权杖进行有效的交接,将企业权力在家族成员与非家族成员之间实现最有效率的配置,关乎家族企业的生存和发展,是决定企业转型是否成功的重要因素。基于企业家生命周期和家庭发展阶段,Cooper(1973)建立了家族企业"企业家—接班人"传承的时间阶段分析模型,对上述问题进行了具体的分析并提出建议,以帮助家族企业实现平稳过渡。Gersick(1999)则以所有权和控制权为着眼点,将家族企业的生命周期分为初创期、扩展期或正规化期和成熟期三个阶段,并从两权的转移配置及由此导致的企业制度的变革来分析代际传承中企业形态的变化,把企业的演变概述为"一位所有者所有"→"兄弟姐妹合伙"→"堂兄弟姐妹联营"→"多样性改变"的发展路径,其中"多样性改变"指拆解、分裂、转化为前面的三种形态,或者演变为社会化的公众公司。基于家族企业生命周期各阶段内部的复杂关系,Gersick(1999)对应各生命阶段,从所有权、家庭和企业管理三个轴线描述了家族企业随时间变迁的三级发展模式,分析了每一阶段或形态的家族企业在所有权方面、家族方面、企业管理方面所具有的特征和面临的挑战,见表2-2。

表2-2 家族企业模式的变迁

企业阶段 权力维度	初创期 (古典家族企业)	扩展期或正规化期 (准古典家族企业)	成熟期 (现代家族企业)
所有权结构	所有权结构单一	所有权向家庭成员开放	所有权向社会开放
控制权结构	控制权集中于创始人手中	控制权在家族成员中分配,重大控制权集中于创始人手中	控制权向职业经理人开放,家族保留重大事务控制权
治理结构	两权合一,无正式的治理结构	两权集中于家族,形成科层式治理结构,依靠非正式规则协调	两权有较大分离,科层式治理结构更完善,依靠正式和非正式规则协调

资料来源:依据Gersick(1999)文献整理所得。

许忠伟等(2007)在中国现实的环境下提出,子承父业是一种对家族企业而言较好的选择。随着下一代成长阶段的不同,他们需要不断提高必需的能力,才有可能最终实现家族企业的"基业长青"。

(2)简要评述

基于生命周期视角的理论研究提出了家族企业演变的趋势,并且这种基于阶段的理论研究有助于解释一些长寿企业的演变经历,对企业的家族化治理具有一定的解释力。但是该理论自身还存在一些明显不足之处,它过度强调了企业与人的相似性,夸大了生物学隐喻,认为企业是沿着可以预知的阶段向前发展的,在成长过程中也会遇到相似的问题,然而对于"企业组织究竟是如何演变的"这一问题并没有深入探讨。实际上,进化是一种对环境的选择性适应过程,当一个企业成功地实现了进化时,其生命周期的表现就不明显了,甚至会消失,企业可以通过如重组、流程再造等方式来改变其进化规律,比如许多企业(如GE、海尔等)就在较短的时间内实现了从原始企业到现代企业的转变,而这对生物来讲是不可能的。事实上,企业的演变方式和过程都带有企业本身的基因和特征,因此其路径各不相同,并不符合统一的发展模式,特别是处于不同社会和民族文化背景、不同地区和不同行业的家族企业,它们的治理结构和演变模式因受到外部环境和自身特征的影响而存在显著差异。此外,生命周期理论将家族企业的内部治理问题视为黑箱,这也是其解释家族企业治理问题的一个严重不足之处。因此,基于内部视角的家族企业治理问题的研究是对基于生命周期视角的理论研究的有益补充。

2.2.2 基于资源基础观的研究成果

(1)资源基础观视角下的家族企业治理

资源基础观作为战略管理领域的主流理论,突破了企业生命周期理论的外部视角,主要是通过组织内部资源这一视角来探讨企业问题,经过Penrose(1959),Wernerfelt (1984),Barney (1991),Peteraf (1993)等学者的不断发展和完善,其对于企业绩效和竞争优势具有很好的解释力。其观点为,任何一个组织的竞争优势都来自该组织自身所拥有的资源及资源特质(Barney,1991;Griffith et al.,2001),这些资源包括各类不同的有形和无形的资源,以及有效的管理和组织资源的能力(Mahoney,1995;Hansen et al.,2004;Kor et al.,2005),它们具有稀缺性、异质性、难以模仿性和不可流动性的特点,且构成了企业持久竞争优势的源泉(Barney,1991)。

资源基础观把公司看作一个开放的系统,公司的生存能力取决于其获取关键资源的能力,企业不同于个人之处在于,企业是一个资源的集合体。Siman(2003)认为,企业资源基础观为理解家族企业如何取得发展机遇及竞争优势提供了一个较好的逻辑思路。而 Habbershon et al.(1999)指出,家族企业作为家族系统和企业系统的一个融合体,拥有大量有形和无形的资源,家族企业的物质资本资源、人力资本资源、组织资本资源和过程资本资源都不同于非家族企业的,因此针对其问题适合采用资源基础观来加以分析。

随着资源基础观不断被深入探讨和挖掘,其动态观的提出和发展,也为分析家族企业提供了更加深入的视角。当企业获得了竞争优势,由于资源、环境和能力等的动态特征,这种竞争优势也只能是不断变化着的。也就是说,不同的资源组合在家族企业发展的不同时期和阶段会对其产生不同的影响。

Habbershon et al.(1999)率先基于资源基础观,构建了家族企业竞争优势的分析框架,分析了家族企业竞争优势的来源。在家族企业内部,经营能力较高的家族代理人往往拥有更多的专用性人力资本,比如拥有某种专业技术、工作技巧或控制了企业内部某些特定的信息。将管理权配置给经营能力较高的这些家族代理人,即意味着以"继续工作权"或"更大的继续工作权"作为对家族代理人"努力度"的回报,而以"继续工作权"或"更大的继续工作权"作为回报则是一种激励机制,将会满足其施展才能、体现"企业家精神"的自我实现的需求。受到激励的家族代理人将更大限度和持久地投入专用性人力资本,这些专用性人力资本转化为组织能力后,将成为稀缺的、不可模仿的竞争性资源,帮助企业发现新的机会、抵御威胁、获取经济利润和实现价值增值。同时,他们还提出了家族性(familiness)的概念,家族主义来源于家族系统,是在家族、家族成员和企业之间的相互影响作用下产生的,这种相互影响构成了具有独特性和差异性的企业资源束,并产生了嵌入企业内的各种能力,有利于建立和维持家族企业的竞争优势,提高企业绩效。

之后,Habbershon et al.(2003)又在之前研究的基础上,进一步探讨了家族性因素、企业资源和能力间的系统性关系,构建了家族性研究的模型。在该模型中,家族性的三个来源(家族、家族成员和企业)通过各自的行为和产出来产生相互的影响、作用,转而促进三个来源的各自行为和产出,产生了基于家族性的竞争优势,并能够获取超额利润。这样就构建了家族企业财富创造过程的一个分析框架,家族性成为企业异质性资源的来源。研究者同时指出,家族性还可以为企业带来竞争性租金。

随后,Chrisman et al.(2003)指出,上述研究将家族企业的目标定为追求财富最大化是过于单一的,他们认为,家族企业的产生和发展,并不仅仅是为了实现财富的积累,还有一些非经济利益的目标;同时,上述研究对家族性内涵的回答也并不十分清晰。因此,他们对家族性的概念进行了深层次的挖掘,指出家族性的内涵包括家族拥有企业的所有权,参与企业的经营管理,并有着代际传承的意图,这整个过程构成了"家族性"。家族性内涵的挖掘和丰富,不仅指出了家族企业目标的非经济效用,也明确了家族性对企业竞争优势或劣势的作用机制:家族性正是通过决策行为、组织结构的改变来对企业竞争优势或劣势产生作用的。

Barney(1991)将家族企业的资源分为四类：人力资源、实物资源、组织资源和程序资源。在人力资源方面，家族企业通常更具有创造性，对外界环境变化的反应更加敏感，家族成员间的信任度更高，企业的管理更加灵活，等等。在实物资源方面，家族企业的资源成本率一般较低。在组织资源方面，家族企业的决策权比较集中，这有利于企业注重组织文化建设和品牌的发展，着眼于长期的发展，提高决策效率，降低负债率，等等。在程序资源方面，由于家族企业的经营，财务状况方面的信息一般不对外公布，企业对外界环境的依赖程度较弱。基于以上的资源特征可知，家族企业具有一定的竞争优势。

相对于企业战略资源的鉴定，如何有效管理这些资源显得更加重要。Arregle et al.(2007)的研究表明，无形资产构成复杂，难以模仿，往往最容易形成竞争优势。而家族以外的人力资本在进入家族企业的过程中往往面临很多限制。因此，人力资本应该作为家族企业内部最重要的资源来加以管理。在资源管理过程中，家族企业需要有效评价、获取和合理利用这些资源，以获得竞争优势。王开明等(2001)认为，家族企业可以从组织学习、知识管理和建立外部网络等方面来获取能给企业带来竞争优势的特殊资源。

上述学者的研究为后续家族企业的研究者提供了很好的示范。之后，不断有学者对家族性进行深入分析。Carney(2005)认为，家族性有利于企业实行节俭主义，由于企业的管理者很可能也是所有者，这种身份的重叠使得其在企业日常的经营活动中，会有意识地避免企业浪费行为的发生，从而降低企业的运营成本，提高效率。因此，当其他类型企业向家族企业学习时，所能得到的可能是关于组织管理的通用型知识，即那些可用正式语言等进行编码并系统化的、能被传播的知识，而独特的家族企业组织经验作为异质性资源是难以通过学习得到的。

（2）简要评述

基于资源基础观的家族企业研究，探讨了家族企业区别于非家族企业的异质性资源，即"家族性"。家族成员对企业所有权的拥有，对企业控制权的掌握，以及其传承意图，能够使家族企业产生稀缺的、难以模仿的、不可转移的异质性资源，从而构成企业的竞争优势，因此，资源基础观对于企业的家族性具有一定的解释效应。但不可忽视的是，基于资源基础观的家族性解释，过分强调了企业内部的作用，而对企业外部的作用不够重视，从而产生了企业战略不能适应市场环境变化的问题，其对家族企业治理结构演变的解释不够全面。

2.2.3 基于委托代理理论的研究成果

（1）委托代理理论视角下的家族企业治理

委托代理理论进一步从企业内部的经济因素入手，并从代理成本的角度解释了家族企业治理问题。公司治理传统上被视为一种委托代理问题，该领域问题诉诸的理论包含代理理论。代理理论从经济人假设出发，认为人本质上存在个人主义和机会主义，前者表现在人总是以追求利益最大化为目标，后者则表现在人会牺牲对方利益为自己谋求私利。在企业的治理过程中，由于委托人（所有者）和代理人（管理者）之间利益的不一致和信息的不对称，可能产生各种代理成本，即所有者与管理者之间的关系问题，这属于资源配置效率问题，是治理结构研究的核心。职业经理人在企业经营管理的过程中可能会不顾企业的长期发展和股东利益，而以追逐自我利益最大化为目标，侵吞股东利益，表现出消极怠工、在职消费等各种机会主义行为。在两权分离的现代公司中，如何确保管理者基于股东利益行事呢？这是公司治理的核心问题。

基于委托代理理论的研究成果认为，在家族企业发展的过程中，家族制在一定程度上能够有效解决企业内的代理问题。所有权结构的安排是一种重要的公司治理机制，当公司的所有权分散在众多小股东手中，且众多小股东都不具备足够的能力和经济激励对管理者进行监督时（Walsh et al.，1990；Gillan，2006），具有"搭便车"动机的小股东不具有积极参与公司治理和驱动公司价值增长的内在动力（Grossman et al.，1980），这就弱化了公司的内部监督。小股东的"搭便车"行为导致公司管理者成为公司事实上的控制者，管理者可能依赖其对公司的控制权损害股东利益。（Berle et al.，1932）然而，当存在一个控制性大股东，其持股比例的提高、利益的增加使得监督管理者变得有利可图时，这个大股东就能够较好地履行对管理者的监督职责。这意味着管理者与所有者之间利益不一致所导致的代理问题在家族企业中的数量比在非家族企业中的少

（Anderson et al.，2003；Ben-Amar et al.，2006），大股东限制管理者牺牲股东利益来谋取自身利益行为的经济激励及能力会相应提高（Shleifer et al.，1986）。Fama et al.（1983）指出，由于家族企业的股权集中于具有特殊亲缘关系的"决策型"家族成员手中，家族成员的共同决策一定程度上可以提高决策效率，可以有效地监督管理者，可以提高企业运营的效率，确保管理者不会通过额外津贴、不合理的投资来侵占股东利益，降低了管理层代理成本。Daily et al.（1992）则指出，由于家族成员长期生活在一起，普遍存在各种非正式契约，这能降低彼此之间的信息不对称程度，促使代理成本最小化。

家族成员与受聘的外部管理者之间在行为方式及效率方面存在一定的差异，受家族股权利益的影响，家族成员往往更倾向于实现企业长期利益最大化的战略，而外聘的管理者则可能仅采取一种实现企业短期利益的行为方式（Fahlenbrach，2009）；由于家族管理者很可能同时为企业股东，他们在企业的经营管理过程中会倾注更多的心血，努力程度会更深，会为了更好地促进企业的成长而进行专有性投资，这种投资并非像受聘的管理者的投资那样仅仅是为了实现自身利益，并且也不会随着外聘人员的流动而变化。家族成员的专有性投资对企业的经营而言具有更好的长期作用和沉淀效应，可以有效降低代理成本和监督成本，作为控股股东的家族所有者有动机去监控公司的管理者（Denis et al.，1997；Jain et al.，2008；Wasserman，2003；Flamholtz，1990），这有利于减少所有者—管理者之间的委托代理问题（Shleifer et al.，1986；Maug，1998；Bolton et al.，1998；Coffee，1991；徐莉萍等，2006）。

此外，在企业发展的过程中，家族成员也会关注企业长期声誉的构建，并且家族成员也往往更具有承担风险的意愿和对成功的高度需求。（Begley，1995；Chandler et al.，1992）在创业之初，由于规模小，结构简单，经营单一，员工不多，企业主要岗位上的管理者大多数由家族成员担任，这使得内部信息沟通容易，企业易于控制。这种集权的管理结构，大大地提高了决策效率。家族成员的独特禀性使得他们对降低家族企业代理成本起到非常重要的作用。

学者们在对基于委托代理理论的家族企业治理进行研究时，提出了家族企业治理的监督效应（Monitoring Effect），并表示家族制能够解决交易成本提高、信息不对称、理性有限、契约的不完全性、经理人的道德风险、逆向选择及其行为的难以监督等问题,家族成员间是互信的、纯粹利他的,在节约由于自利所产生的各种代理成本方面,家族企业具有很大的优势。根据 Demsetz et al.(1985)、Shleifer et al.(1986,1997)的研究,大股东所有权比例的提高有利于其发挥对经营管理者的监督作用。Ali(2007)发现,美国公司中的家族所有者能够加深公司信息披露程度。

随着家族企业的不断发展和企业内家族成员的不断增加,委托代理理论帮助学者进一步认识到家族企业内部存在的严重代理问题。王明琳等(2006)指出,控制性家族对外部中小股东利益的侵占被认为是家族上市公司的核心代理问题,这一问题在新兴市场与转轨经济双重制度环境和"家文化"盛行背景下的中国家族上市公司中表现得尤为明显。Schulze et al.(2001)认为,由于家族成员个体是理性的经济人,家族成员有各自的效用最大化目标,家族企业也会产生一系列特殊的代理问题。在关于家族企业治理的研究文献中,一些学者开始注意到家族代理人各有其目标和偏好(Chrisman et al.,2004;Lubatkin,et al.,2005;Schulze et al.,2003),也注意到家族成员利他动机之外的自利性,以及家族成员也在追求自我经济和非经济的效用最大化(O'Donoghue et al.,2000;Thaler et al.,1981)。尽管在信息不对称的情况下,家族企业的代理问题也许不如非家族企业中的严重(Chrisman et al.,2004),但家族企业存在任人唯亲、家族特权和管理专制等弊端;众多家族成员的共同参与使得家族企业内部的冲突不可避免(Sorenson,1999),这种冲突对企业的发展造成了严重的消极影响(Eddleston et al.,2007)。这就可能导致家族企业中的代理关系变得更为复杂,其组织内部引发的冲突等低效率行为,也会因为成员间的血缘关系而更加难以解决。(Chrisman et al.,2004)作为控股股东的家族,普遍还采用一种金字塔式的结构,放大控制权效应,实现控制权和现金流权之间的偏离;他们可能会通过各种掏空行为转移公司资源、侵占小股东利益而获取控制权、私人收益(Denis et al.,2003),这被称为家族治理的侵占效应(Expropriation Effect)。鉴于上述行为的隐蔽性,Johnson et al.(2000)又将其形象化为控股股东的"隧道行为"(Tunneling)。Fan et al.(2002)认为,家族大股东能够对会计盈余进行操控,影响公司股价。Fama et al.(1985)认为,家族大股东倾向于以他们自身的风险偏好为基础进行投资决策,而不是像股权较为分散的股东那样根据市场规则进行投资。Cadaman et al. (2006)研究发现,一些有影响力的存在短期视野的家族所有者会激励管理层去投资那些适合他们投资视野的项目,尽管这会损害其他股东的利益。

（2）简要评述

代理理论有助于解释家族企业的家族制发展趋势,但不可忽视的是,无论是职业经理人市场不完善导致的代理成本太高,还是家族关系合约能够有效地降低企业代理成本,都仅仅是两权合一的家族化治理的必要条件。家族化治理的另一个必要条件是这种组织形式在市场竞争中的有效性,其主要体现在选择家族化治理的企业对外部环境的适应性方面,其优势来自企业家不可控制的外生环境因素。代理理论依赖的理性人假设旨在降低治理的复杂程度(Jensen et al., 1994),即它仅仅给出了家族企业的治理安排在只有创始人和职业经理人两个参与者博弈的过程中均衡策略的合理解释,而没有给出这种治理模式作为多个企业参与的竞争博弈的均衡策略的合理解释。不可忽视的是,代理理论的理性经济人（个人主义的、自利的、机会主义的）假设招致很多学者的批评,Jensen et al. (1994)指出,这一人性假设是便于数学模型的简化,和现实中人们的实际行为相去甚远。Doucouliagos(1994)指出,将人们所有行为动机简化为自利,并不能解释人们在社会生活中的复杂性行为,也不能满足人们以社会人形式存在的需要。

更为重要的是,代理理论的理性经济人假设忽视了人性的利他方面,而利他主义在家族企业的创立和成长中起到了非常重要的作用。Ochi (1980)最早认为,由于宗族内存在着利他主义,宗族治理才能在市场和科层制组织结构失灵时奏效。而基于血缘关系建立的家族作为宗族的典型形式,就是利他主义的典型。利他主义可以促进沟通和合作,降低家族代理人之间的信息不对称程度,从而利于非正式契约的使用。在家族内部,利他主义的存在,使家族成员互相关心和支持,有利于实现个人利益与家族利益的高度统一。随着家族企业的创立,原家族中的利他主义行为和稳定的家族秩序会转移到企业中,使家族企业具有竞争优势。Stark et al.(1998)指出,利他主义使家族企业中每个被雇佣的家族成员成为该企业事实上的所有者,他们在拥有企业财产剩余索取权的信念的支配下行为处事,这样能有效防止被聘请的职业经理人做出违背实现企业价值最大化这一目标的行为,从而避免了分散持股公司的股东利益被掏空的问题。

2.2.4 基于管家理论的研究成果

(1)管家理论视角下的家族企业治理

管家理论针对代理理论的所谓"经济人"假设进行了批判,该理论植根于心理学和社会学,认为代理理论关于管理者(代理人)都是完全受个人效用最大化驱使而采取机会主义行为的假设是不能成立的。相反,管家理论强调,经理人员是兢兢业业、恪尽职守的管家,他们与委托人的利益和目标追求是完全一致的,因此董事会应该与CEO(管家、代理人)发展一种相互合作、完全信任的关系。(Donaldson,1990)与代理理论不同的是,管家理论认为,职业经理人并不受个人目标的驱使;相反,他们是企业的管家,他们的动机是追求委托人利益最大化。(Davis et al.,1997)管家理论还认为,公司控制权在所有者和管理者之间的重新配置,有利于现代公司应对复杂的经营环境,而委托人利益能否实现的关键在于公司治理结构和机制是否能够赋予管理层适当的权限,并非监督和控制的防弊措施是否周全。部分学者基于管家理论分析后认为,CEO的目标是实现企业目标、保护股东财富并使之最大化,因而在家族企业的发展过程中,在需要不断纳入新的成员时,家族企业会考虑纳入职业经理人,职业经理人被纳入后,他们必须被授予适当的权力及获得充分的信任,才有能力和意愿实现组织利益的最大化。综上所述,职业化管理成为家族企业管理变革的方向,家族企业通过调整组织形态来发挥企业管理的优势。

Davis et al.(1997)还指出,管家身份关系(Stewardship Relation)极大地依赖于委托人与被委托人之间的信任程度,CEO对自身尊严、信仰及内在工作满足的追求,会促使他们为了实现委托人的利益而成为兢兢业业、勤勉尽责的公司资产的好"管家"。由此可见,在管家理论视角下,董事会对CEO的监督和控制被授权和自治所取代(Francis,1997;Wallis,2000),如果所有者假设管理者是社会人,所有者就倾向于与之建立管家关系;如果双方确实建立起了管家关系,所有者就会充分信任管理者并与之合作,合作表现为所有者充分授权给管理者,董事会权力由内部人控制,实行"一元治理结构",使管理者像真正的所有者。

(2)简要评述

管家理论认为,家族企业内部引入职业经理人有助于企业的发展,并且对职业经理人应当予以充分的信任和授权,其中不可忽视的是,职业经理人在公司董事会中的领导权力的获得存在一个从小到大、由弱变强的逐步发展过程。因此,职业经理人在其任期内既不会像代理理论所阐释的那样,总是倾向于违背董事会的利益并采取机会主义行为,同样也不会完全如管家理论所阐释的那样,始终兢兢业业、恪尽职守地担任家族企业的忠实管家,并为了董事会利益而自愿任劳任怨地工作。

此外,管家理论假设的职业经理人恪尽职守地保障和最大化股东利益与中国家族企业目前面临的职业经理人危机等实际情况并不完全相符。因此,管家理论实际上存在忽视 CEO 领导能力的发展过程的问题,同时也对目前家族企业的发展及其问题缺乏足够的解释力。

2.2.5 基于信任视角的研究成果

(1)信任视角下的家族企业治理

在从外到内逐步深入分析家族企业治理的各种问题时,除代理成本等内部制度因素之外,包含信任、情感等隐性心理因素的组织内非经济因素对企业治理结构的影响也逐渐被认识。基于信任和情感财富方面的分析为此提供了研究视角。

储小平等(2003)指出,由于信任不足,家族企业主难以从经理人市场吸纳管理资源,经理人市场的缺失说明社会制度不完善,无法保证企业能吸纳到守信的经理人;由于信息不对称和信任不足,企业家转让控制权时心有疑虑,对授权后可能导致的风险、成本有很高的敏感度,大量的家族企业沿用家族成员治理的模式,维持家族制模式。

信任是一种特定的主观概率水平,一个行为人按照此种概率判断另一个行为人或行为人群体是否会采取某个特定的行动。信任源自人的主观预期,与其生存环境中的社会文化传统紧密相连,不同的社会和文化有可能产生不同的信任机制。Zucker(1986)认为,信任产生机制有三种:基于过程的信任机制(依赖于过去的交易经验)、基于特征的信任机制(依赖于个人的家族背景和种族)和基于制度的信任机制(基于非个人的社会规章制度)。

一些学者通过对制度文化的研究对不同经济和制度背景下的信任结构进行了分析和比较,结果表明,不同国家和地区间的信任结构的确存在差异。福山(2001)进一步区分了高信任度社会和低信任度社会。在很多研究中,中国被归结为低信任度社会。然而,简单地将中国的信任结构视为低信任度格局,并不能完全诠释中国社会的信任环境。在"差序格局"文化的影响下,不同关系的人员之间存在着不同的信任格局,这尤其体现在,拥有血缘关系的家族成员之间存在较好的信任基础。郑伯壎(1995)也指出,华人企业内的信任格局会随着具体的主客观条件而发生"亲疏移位、忠逆倒转、才庸变换"的变动。家族企业的信任格局向外扩展尽管存在着诸多的约束条件,但仍可能会实现。马克斯·韦伯于1951年提出了信任的两种方式——特殊信任与普遍信任。他通过比较分析发现,中国的信任并非建立在共同信仰的基础之上,而是建立在血缘关系的基础之上。基于血缘关系的联系有别于一般社会网络中的强关系与弱关系,因为它具备更深厚的与生俱来的信任基础,因此拥有家族亲戚关系或准亲戚关系的成员之间,存在一种难以在外界普遍化的特殊信任关系。李新春等(2002)认为,信任以普遍信任与特殊信任来做区分更为适合,不同于西方的普遍信任,中国社会表现出的是内外有别的特殊信任,相对于家族及家族成员间极高的信任程度,普通社会人之间呈现的是一种极低程度的信任甚至是不信任。李新春将这种基于家族关系的特殊信任格局称为"家族主义信任"。

福山(1998)在《信任:社会美德与创造经济繁荣》一书中通过比较不同国家的家族结构与企业模式来说明不同的社会形态具有极为不同的信任结构,并且指出中国社会是一个低信任度的社会,而且这种信任是建立在以血缘关系来维系的家族基础之上的,中国人对家族之外的其他人则缺乏信任,他认为中国社会是一种缺乏普遍信任的社会。雷丁(1933)在《海外华人企业家的管理思想——文化背景与风格》一书中指出,中国人对家族成员之外的人存在着普遍的不信任感,家族企业主难以从经理人市场吸纳管理资源,导致了家族企业的权力很难转移到家族成员之外的人身上,从而使得华人企业即使传续几代人也会维持鲜明的家族控制特征。Steier(2009)提出基于信任的治理机制是家族企业的竞争优势,其主要观点是有些家族企业基本上依赖信任治理机制，这大大降低了交易成本，为企业提供了重要的战略优势资源。信任作为一种经济伦理，对家族企业内部组织关系具有特别的意义。信任能够降低交易成本，促进管理协调、企业内部的合作和适应性组织的出现，并防范机会主义行为的产生。它是层级治理的替代，也是交易伙伴之间的黏合剂。

一些学者针对企业界的实际调研结果也印证了这一结论，新创企业在发展的过程中一直坚持家族制管理模式，信任的缺失就是一个非常重要的原因。2002 年 4 至 7 月，"中国私营企业研究"课题组对全国 3 258 家私营企业的调查结果表明，许多新创企业继续坚守家族制管理模式，主要理由之一是难以寻找到可以信赖的职业经理人。而早在 20 世纪 70 年代，阿罗就提出，信任是经济交换的润滑剂，并认为世界上很多经济落后的现象可以从缺少信任的角度来解释。我国家族企业在其成长过程中确实存在着种种信任缺失问题，这种缺失导致企业在发展过程中更多地倚重以血缘和亲情为基础的家族化治理。此外，职业经理人同样不信任家族企业所有者，如认为自己因非家族成员身份而招致排斥，在企业得不到应有的信任，以及不满所有者的个人集权和专断，这也是导致家族化治理的重要原因。很多研究者利用盖尔西克提出的家族企业生命周期分析框架，来演绎家族企业内部治理可能的变迁路径和变迁方式。（王宣喻等，2003；于立等，2003；苏琦等，2004）王宣喻等（1996）以广州华帝集团为例，分析了并无血缘关系的 7 位创始人如何通过合作关系构建信任，以及信任对创业团队合作关系的影响，同时也指出，创始人之间的信任与合作并未拓展到职业经理人层面。究其原因，就在于他们在文化认同、资源互补、追求目标和合作资格上并不能完全一致。

(2)简要评述

基于信任视角的对家族企业的研究存在一种潜在的逻辑，也就是认为高信任度文化的国家和地区不存在或者存在很少的家族企业，但是很显然，这是和实际情况相悖的。研究的信任属于经济伦理的范畴，而马克斯·韦伯认为，经济伦理不是经济组织形式的简单的"因变量"，同样，经济伦理也不是反过来从自己一方去塑造经济组织形式的。这也就是说，信任也许并不是构建企业组织形式的关键因素，仅仅从信任缺失的角度解释创业家族企业选择家族化治理也许并不能完全揭示问题的本质。此外,足够合格的经理阶层的形成是一个复杂的社会经济制度发展,特别是社会信用制度逐步建立健全的过程。随着我国经济的发展和制度的完善,外部经理人市场也在不断地壮大,职业经理人的职业素养的提升和数量的增加能够在一定程度上缓解职业经理人与家族所有者之间的信任缺失问题。并且,在家族企业发展初期,信任是其治理结构的突出特征。随着企业的演变,信任是否仍然能够成为治理结构的决定性因素,取决于家族企业具体的发展状态,其效率取决于对此治理机制的投资力度。如果不能引入与发展阶段相适应的新的治理机制,家族企业的发展将会受到影响。

2.2.6 基于情感财富视角的研究成果

(1)情感财富视角下的家族企业治理

基于家族控制情感的研究认为,新创企业继续维持家族制管理的一个重要理由是维持家族情感稳定。家族制企业管理向现代企业管理变革,除了企业控制权的变化,还伴随着股权多元化和企业制度的创新,企业领导和决策方式的转变,以及管理和用人制度的改革。这些变革的措施,不可避免地会在习惯于亲情关系、人治管理的家族成员、创业元老与极力推行制度化、规范化管理的职业经理人之间,引起各种矛盾和冲突。例如,百龙集团总裁孙寅贵就明确指出,家族企业最难的就是制度化,家族成员有时不仅使制度推行不下去,而且还是制度的破坏者。(孙寅贵,2001)许多家族企业创业者也都有这样的切身体会,甚至为推进家族制管理变革,奉行"举贤避亲"的原则,明确规定家族成员不得任总裁或进入企业管理层。(朱保国,2001)变革中的矛盾与冲突如果处理得不好,不但不能成功实现企业管理模式的转变,而且会导致企业成员之间互相不尊重,甚至造成企业的分裂,这也是许多家族制企业变革无法进行到底的重要原因之一。

家族企业的传承方式普遍采用的是子承父业或在泛家族的亲缘关系中选择继承人,最起码也是在已经变成了"自己人"的外人中选择继承人。这种情感归属的信任关系不仅来源于先天的血缘关系,也来源于后天相处中荣辱与共的忠诚。这说明,家族企业主动谋求扩大家族半径,通过不断地将与其有着地缘、业缘和学缘的外人转为自家人,不断地扩展信任网络边界,弥补人力资本的不足与打破家族内部要素禀赋的局限,最终目的是企业的发展壮大。家族企业中这种"泛家族化"的开放式特征是家族企业在长期发展进程中依然保持生命力的重要原因。"泛家族化"来自家族理性,随着企业规模和管理半径的扩大,企业家的个人能力终究有限,家族内部管理资源的禀赋也会达到边界,需要引入外部管理资源。在家族企业内部建立共同愿景是一种有效的治理手段,有利于对企业发展这一共同认知奠定基础,创造企业的长期价值。

(2)简要评述

现实中家族企业的治理问题经常表现为契约治理与关系治理两者兼有的混合治理状态,但由此也会带来无法避免的矛盾和冲突。例如,关系治理中的公私不分在一定程度上会破坏企业的明文规定,让企业内部矛盾积聚。在创业阶段,家族企业主要借助家族内部的关系获取创业所需资本,并形成家长式管理风格。但随着企业由创业阶段过渡到成长阶段,基于情感财富视角的家族制治理也许不能,或难以解决随着组织规模扩大或交易的复杂性增加而出现的问题,它对家族制的动态性和复杂性的关注不足。

2.2.7 研究评述

综合以上研究笔者发现,以往公司治理的研究视角集中于微观(董事会结构、经理层薪酬)和中观(控制权市场、经理人市场等)层面,多从企业内部及企业(企业集团)(Morck et al.,2005;Morck,2008)之间的经济因素探讨不同的治理机制对企业行为和效率的影响。这些理论视角虽然有助于认识家族企业的某些侧面,但对于家族企业的动态转型过程中所出现的一些特殊现象并不能系统地解释并预测,其根本原因在于忽略了家族企业治理问题出现的各种现实环境。例如,基于委托代理理论的研究,Martin(1992)曾指出,代理理论假定委托人和代理人基本上是不会说话的、中立的经济行为者,他们从不会站在哪一方,也不属于任何政治派别或小团体。代理理论对委托人和代理人持有低度社会化观点,正如Lubatkin et al.(2007)对代理理论的评价。他们说明该理论认为经济行为者完全受自利动机的驱使,丝毫不受企业社会情境的限制。然而实际上家族企业的演变,是会受到社会情境的影响的,社会情境是以普遍存在的规范、社会化规则和惯例,以及广泛的社会网络等形式存在的(Granovetter,1985)。

尽管已经有大量的研究论证了家族企业治理模式的效果和效率,但这些研究视非经济因素为常量,忽视了一些重要的情境和制度因素。我国家族企业的研究者李新春教授在 1998 年就对家族企业的研究进行了反思,他认为,经济学家在对家族制度缺乏深入了解的情况下,很难把握中国经济特别是家族企业组织。因此,从这个方面讲,在探讨家族企业的问题时,一些非经济因素就显得非常重要,尤其是在中国家族企业的背景下,不能忽视一些重要的制度因素。研究表明,我国 75% 的私营企业采用了家族式组织和家族式管理。(卢现祥,2000)无论是万向集团、飞跃集团等大型民营企业,还是数量众多的小型私企,其组织、管理方式大都具有典型的家族制管理特点。在 20 世纪 90 年代之前,家族企业并不受研究学者的肯定,国内许多学者对家族企业持否定态度,认为家族企业是一种落后的企业组织,其潜在的问题包括一股独大、任人唯亲、一言堂等。然而随着研究的不断深入,研究者逐渐意识到家族企业并非一种没有效率的组织方式。方太集团前任董事长茅理翔认为,家族企业管理模式的产生是时代发展的必然,同时也应随着时代的发展而进步,而且这种模式永远也不会消失。重庆力帆集团的创始人尹明善也提出,现在摒弃家族企业还为时过早,中国的家族企业制度还会延续 50 年。Caney(1998)认为,华人家族企业选择家族控制型治理结构主要是因为对政治和文化环境的依赖。因此,对环境因素的考虑,是探讨家族企业治理制度问题时不能忽视的。

雷丁(1993)的研究发现,华人家族企业存在以下特点:规模较小,组织结构相对比较简单;企业生产的产品及目标市场相对单一;企业在发展过程中依赖拥有集权化决策的个人;企业的所有权、控制权密切地掌控在家族内且其对所有权和控制权的重视度很高;企业内有明显的家长式氛围;企业通过人情关系网络与外界构建联系;具有高度的战略适应性。雷丁对产生这些特点的背后原因进行了分析,认为家族企业之所以具备以上特点,是因为受到儒家思想的影响,包括家族制、人情至上和防御观念。雷丁的研究给我们的研究启示是,家族企业 IPO 后的转型过程不仅是一种利益驱动的经济活动,而且是一种情境依赖的社会过程,不仅受到市场环境的影响,而且受到制度环境的约束。之前的委托代理理论和管家理论等经济学和管理学理论也涉及了家族企业所处的环境,但那些环境更多的是企业所处的技术环境。技术环境对企业行为的效率提出了要求,即企业总是通过效率最大化的方式满足技术环境的需要,按交易成本最小化、治理效率最大化或家族情感财富累积的原则组织生产活动。而制度环境作为一种非经济因素的文化,会对家族企业的组织形式和治理结构产生重要的影响,家族企业的行为选择是在家族化治理特征和其所镶嵌的制度因素之间进行理性权衡的基础上再进行内生选择的结果。钱德勒(1977)指出,在美国的许多部门和企业中,经理式资本主义很快就取代了家族式或者金融式的资本主义。对于美国家族企业的权力让渡过程究竟是由结构因素(即美国经理人市场的规范),还是由文化因素(家族企业成员尤其是家族企业主不愿意将企业的经营管理权和实际控制权交付给职业经理人的一种信念和愿望)决定的,钱德勒并没有进行深入的探讨,但是其研究明确提出了企业制度演变过程中的一些制度因素的影响。

中国家族企业外部制度因素总是处于不断变化的状态,法律执行力度、产业环境、经理人市场和金融市场等方面存在着明显的差异。这些外部制度因素塑造了企业的组织结构与企业的成长道路,影响着家族企业治理结构的适应性选择。创业家族必须采取有效行动来谋求新创企业的合法性(Legitimacy),即让新创企业为社会制度所认可和接受。因此,要深入理解创业家族企业的治理问题,仅把视角局限于企业层面或企业内部层面是不够的,必须从组织所处的制度环境方面去认识组织现象。

因此,在分析和解决家族企业的问题时,需要对家族企业所处的非经济因素给予重视。家族企业治理结构的演变过程中所产生的一系列问题包括:家族企业发展的过程中,为什么各个企业采纳职业化管理制度的时间有早有晚;什么机制使有的企业很早就采纳了这个制度,而另外的一些企业却很晚甚至一直不采纳这个制度,而是一直采取家族式管理制度;等等。这些问题本质上涉及的是企业制度的变迁。接下来,本章将从制度理论的研究视角,梳理相关的研究成果,探讨其对家族企业制度演变过程可能的解释。

2.3 制度理论

制度理论是从制度环境影响的角度来认识组织行为和组织现象的。韦伯式组织、经济学意义上的组织，都是理性的、有效率的组织。而制度学派强调制度化的组织，认为必须从组织环境的角度去研究、探讨各种组织现象。制度环境是一个企业所处的法律制度、文化期待、社会规范和观念制度等为人们"广为接受"(taken-for-granted)的社会事实，对企业的组织结构安排、制度选择具有重要影响。(Meyer，1977)

Kasper et al.(2000)认为，规则体系在解释发展中国家的经济改革等问题时直观且重要，制度决定了社会的激励框架，中国家族企业治理模式的演变，也可以借由这一思路来进行分析。企业家(或创业家族)控制这种个人(或家族)通过所有权和控制权融合的方式实现的公司治理，在不同的经济制度环境中都有着独特的经济与非经济价值。(李新春，2006)制度理论给了本书研究的启发和线索，家族企业的组织演变过程，实际上就是企业权力的动态变化和配置过程。权力配置作为一种具体的企业内部制度安排，在很大程度上依赖于其所运行的外部制度环境。外部制度环境约束会影响到企业主对公司治理结构的选择(Jiang et al.，2010；Peng et al.，2010)，企业主对企业内部权力的配置往往体现的是这种配置机制与外部制度环境约束相适应的一种均衡结果。以中国为代表的新兴经济体和发达国家间在制度框架上存在着巨大差异，这使学者在考虑产业和资源基础因素之外，开始注意到这些制度差异对企业行为可能产生的影响。(徐二明等，2010)

虽然有部分学者关注到制度环境对家族企业的成本和收益、行为和绩效等方面的作用(Steier，2009；Peng et al.，2006，2010)，但对外部制度环境对企业治理结构演变的塑造和影响却没有充分关注，对家族企业所处的制度环境因素对其治理结构演变的影响也并未给予重视，实证研究尤其匮乏。目前，我国家族企业面临的外部环境较为复杂，企业所处的环境因素对企业行为的影响是不容忽视的，尤其是家族企业所面临的制度环境和政策环境等因素，对企业的发展产生了较大的影响。因此，外部环境对家族企业的治理结构演变过程也产生了重要的影响。家族企业作为家族财富与企业组织的一种整体有机体,如同其他企业形式一样,都处于特定的企业环境中,其行为方式受到外部制度规则的牵制,需要不断地接受、采纳外界承认、许可的方式、做法来组织企业的生产、经营和管理等活动,以符合社会事实。企业家只有遵循这种约束条件才可能获得市场的认可。外部环境对企业行为、组织架构及成长效率的影响,主要是通过合法性机制的作用产生。一旦企业的行为有悖于社会事实,就会出现不合法性,引起社会不满,这会阻碍企业的发展。

2.3.1 组织制度演变

组织受到其所处环境中的现象的影响,有与其环境趋同的趋势,这样的观察结果并不鲜见。企业员工、管理者、经理、董事及政府机构都容易信任遵循合法程序(如平等机会程序)的组织结构,且更愿意加入这样的组织。制度环境中已受到广泛认可的组织结构和企业行为具有很强的塑造作用。社会的文化、观念、制度和社会期待等被广为接受的社会事实构成了企业所处的外界制度环境,其具有强大的约束作用,会对企业行为产生塑造作用。正式组织通过技术和交换的相互依赖性来与自身的环境相匹配。基于以上思路,Aiken et al.(1968),Hawley(1968),Thompson(1967)的研究表明,企业结构要素的变化很可能是遵循所处环境的要求,企业需要改变组织边界,从而融合与环境趋同的组织结构,并与外界环境形成良好的相互依赖性。

而如果企业忽视环境中合法的结构要素的要求,或独创一套组织结构,其活动就缺乏可被接受的解释。这样的组织容易被忽视,或受到不合理和不必要的指责。而诸如此类的指责,不管是来自新创企业内部参与者,还是外部成员,或者是来自政府,都可能给组织带来实际损失。因此会导致企业采取与其他被接受企业相同或相似的结构,比如,经济学的专业化使企业聘请经济学家对企业进行经济分析成为很有用的做法,但对这种做法的效果并不深究,因为在现实中,也许没有人能够、理解和相信他们,但是在投资者、客户和内部参与者的眼中,经济分析有助于将组织的计划合法化。同样在失败时,这样的分析可以为组织提供解释。利用这些分析,方案一旦失败,经理可以向投资者、股东及供应商证明程序是审慎的,决策也是通过理性的方式做出的,所以失败没有自己的责任。

更为重要的是,企业制度的演变,本身也成了制度环境的一部分。企业结构的建构反映了社会建构的现实(Berger et al.,1967):组织不仅在很大程度上受到环境的制约,而且组织本身也构成了制度的一个部分;企业不仅需要在边界上与环境相融合,而且在自身结构的设计上,也需要模仿环境要素。

我国特殊的外部市场环境和企业行为是影响我国家族企业选择家族化治理模式的不可忽视的因素。通过对我国家族企业发展的一个基本观察,笔者发现,家族企业规模在不断扩大,市场覆盖范围在不断扩展,竞争实力在不断提升。上述种种现象表明,我国家族企业的制度安排是有效的。而这种有效性主要体现在我国家族企业的治理安排在给定的企业背景、其他政策和经济环境等外部制度环境的条件下,与家族企业的战略导向和行为特征具有很好的适应性。

企业的内部治理机制存在的根本合理性在于它能够满足"适配"的条件。按照 Hart(1983)"市场竞争机制将淘汰低效治理机制"的观点,"次优"的治理结构安排不应该是在长期的市场选择过程中出现的一个普遍现象。如果简单地按照西方企业制度演变的历史特征来看,传统的家族治理逐渐被所有权和经营权分离的现代企业制度所替代,那么传统的家族治理机制就应该是一种"次优"的治理结构安排。这种"次优"的治理结构安排之所以在今天我国的家族企业(甚至很多西方的家族企业)中普遍存在,是因为这种治理结构安排满足适应外生因素的条件。或者说,民营企业家的这种制度选择满足其在约束条件下的合法性。

2.3.2 合法性机制

制度理论中的合法性机制解释的是在一个领域中制度环境如何影响组织行为和形式,制度环境的特点对处于整个制度范围内的所有组织都有影响。合法性机制是指当社会的法律制度、社会规范、文化观念或某种特定的组织形式成为被广为接受的社会事实之后,就成为规范人们行为的观念因素。人们有意识地利用合法性机制达到目标,这是制度思维制约下的人的行为,是制度塑造了人的行为,从而迫使组织采纳与这种制度思维相符的组织结构和制度。因此,要深入理解公司治理,仅把视角局限于企业层面或企业内部层面是不够的,必须从组织和环境的关系方面去认识组织现象。

对承担战略决策者角色的高层管理者而言,组织行为的合法性机制表现在企业需要积极寻求社会力量(外部利益相关者和内部利益相关者)认同企业行为,积极适应和遵循管制、规范和认知等社会习惯与传统,进而展开行动,表现出企业战略行为对制度因素的依从性、习惯性和权宜性。在制度理论中,控制权制度是有助于人们对财产控制形成合理预期的制度,这些制度包括法律、行政安排,以及有关财产控制权的分配和实施的社会规范。尽管其中的许多规则都是国家有意识设计的产物,但其他规则则是自发地产生于不断重复的私人交易之中。(Schmeiding,1994)合法性的相关研究如下:

合法性的定义、类型划分与实现途径。合法性是制度理论的核心概念,它强调组织生成和演变不仅受到以需求、竞争、资源等为核心的任务环境的影响,还受到以法规、规范和惯例等构成的制度环境的制约。(Meyer et al.,1977;Meyer et al.,1983;DiMaggio et al.,1983;Scott,1995)制度理论已经围绕合法性的定义、类型和实现途径等方面做出了大量的有益的探索,形成了较为成熟的理论观点。

在定义方面,Meyer et al.(1983)认为,合法性是社会体系对组织存在的适宜性、必要性和接受性的整体判断,构成组织得以生成和演变的必要条件;Maurer(1971)认为,组织谋求合法性的过程(合法化)就是组织向同行或更高层次的制度体制诉求其存在权利的过程。可见,合法性是社会体系对特定组织行为的期望和要求,而组织谋求合法性的行为过程就是合法化过程,目的在于赢得社会体系的认可和接受。

在类型划分方面,关于合法性的类型划分取决于制度环境构成要素的分类的观点已成共识。其中,以 Scott(1995)和 Hunt et al.(1996)的观点最具代表性。他们认为,制度环境主要由管制、规范和认知三个要素构成,并在此基础上归纳了合法性的三维分析框架,例如,政府、行业协会的强制性要求,社会规范、价值观等规范性要求等构成了组织合法性的重要来源。Aldrich et al.(1994)较早地将合法性概念引入创业研究。他们认为,与其他类型的合法性相比,认知合法性对新企业尤为重要,因为它代表了新企业相关知识的普及程度。可见,不同的合法性类型可能对新企业的创立与成长产生不同的影响,因此有必要在分类基础上细化合法性对新企业创立与成长的作用机制和作用效果。

在实现途径方面,学者们对新组织合法性的实现途径的讨论主要可以分成两种观点:一种观点基于传统制度理论,认为组织只能通过被动地服从外部制度压力来谋求合法性,研究集中于对创业者或创业团队特征(Maguire et al.,2004)、企业规模(Pfeffer et al.,1978)和企业生存年限(Hannan et al.,1984)等因素的讨论;另外一种观点认为,创业者能够通过主动的战略选择来为新企业谋求合法性,如组织间的互相模仿学习,这种观点正逐渐得到主流研究的认同。

Bebchuk et al.(1999)在《公司所有权和公司治理中的路径依赖理论》一文中,基于合法性机制,进一步从制度黏性的视角分析了公司制度的演变过程。

2.3.3 基于制度黏性的企业制度演变

Bebchuk et al.(1999)认为,在经济发展的过程中,公司制度的演变速度要低于其他经济的演变速度。这样一个实际情况并非说明公司制度没有逐步演变的过程,而恰恰突出了公司制度和结构转变过程中的黏性。这种黏性表现的结构是公司先前结构的存续,并且在不同经济环境中,企业由于先前结构的黏性,其所有权结构不容易发生改变。

在以上分析的基础上,Bebchuk et al.(1999)进一步从路径依赖的角度分析了公司治理问题,提出了企业所有权结构与公司治理中的路径依赖理论。他们分析的主要问题是:在经济全球化和一体化的背景下,为什么不同公司的企业制度和结构仍然会存在差异呢? 其主要研究结果显示,对于一个国家而言,企业的所有权结构有着路径依赖,也就是说,企业先前的所有权结构会在一定程度上影响企业之后结构的演变方向,一个国家的所有制结构形式将部分地依赖于其早期的结构形式。即使之后国家之间的经济发展变得非常相似,这些国家的企业所有权结构由于不同的环境或历史事件的差异,仍然会存在相当程度的不同。

在此基础上,他们还区分了两类不同的路径依赖形式:第一类是结构驱动型(structure-driven)路径依赖,即企业先前的结构会影响企业之后结构的演变;第二类是规则驱动型(rule-driven)路径依赖,此处的规则是指规范企业与股东、经理人、员工及其他利益相关者之间关系,以及其内部关系的法规,这里的法规不仅仅涉及传统意义上的公司法,也涉及证券法和破产管理、劳动关系及金融机构相关的法律,这些法规是存在路径依赖的。

Bebchuk et al.(1999)继续从机制上对企业所有权路径依赖进行分析,发现有效的企业结构形成路径依赖的原因如下:适应性沉没成本(sunk adaptive costs)、互补性(complementarities)、网络外部性(network externalities)、赠予效应(gift effect)和多重最优(multiple optima)等因素的存在,使得供选择的所有权结构的相对效率部分地依赖于这家公司或同一环境中的其他公司刚开始时的结构。

第一,适应性沉没成本。

沉没成本会影响公司所有权结构的有效选择。沉没成本是决定哪种公司所有权结构在一个特定时点有效的重要因素。比如,在 T_0 时点,一个国家的公司普遍拥有分散的所有权,公司就会通过经理人激励补偿计划,增加独立董事人数,以及创设减少代理成本的债务结构去适应制度环境。一旦在 T_0 时点,公司采取了适应性措施,这些适应性措施就会使得有效的所有权结构存续。

第二,互补性。

互补性与适应性沉没成本相似,但是互补性并不是公司通过自身去适应,而是通过其他实体和机构进行适应。

第三,网络外部性。

网络外部性也会导致所有权结构的存续。一家公司想要构建有效的所有权结构,往往依赖于本国的其他公司所拥有的结构。采用占支配地位的,而且参与者都非常熟悉公司的运营形式,是有优势的。

第四,赠予效应。

赠予效应也会影响所有权结构的特性。在现有结构下,拥有控制权的参与者会影响他们对这种控制权的评价,这种评价反过来又会影响替代结构产生的全部价值。赠予效应会使公司的转型变得困难,不论公司采取的是家族所有者模式,还是管理者模式。家族所有者拥有着控制权,他们会高度评价他们的控制权。相似地,经理人已经拥有了大量财富,他们也会高度评价他们的地位和权力。在任何一种场合,问价和报价都是存在差异的。鉴于现在的控制权结构,两类集团对控制权所赋予的价值,都要高于他们没拥有这种控制权时所愿意支付的价格。在赠予效应下，此类控制权结构的全部效率，都依赖于它们最初是否存在过。

第五，多重最优。

所有权结构对公司治理和公司价值产生了复杂的影响。任何一种公司结构，都具有各自的正负两个方面。考虑到公司治理结构转变的交易成本，维持现状都是有效率的。在这种情况下，不同的公司所有权结构能够决定其后的结构。

此外，无效的或效率低下的公司所有权结构，也存在路径依赖性，其原因主要归结于企业所有者的寻租，也就是说，公司的控制者为继续保障自我收益，会阻碍企业结构的变迁，即使这个变迁过程本身是有效的；而企业的控制者阻碍了企业结构的变迁，会使企业收益减少。通常结构变迁的阻碍者不承担全部成本，或者，企业结构变迁后带来的收益增加也不归变迁阻碍者所有，因此，企业当下的这种无效率的组织结构仍会继续存在。

制度黏性理论的分析思路，重点突出了路径依赖对企业结构方面存在的差异作用，其主要是基于组织内部层面研究企业的制度结构，随着制度理论的发展，其对组织制度演变的过程也进行了分析。

2.3.4 研究评述

上述的分析表明，从制度视角对我国家族企业治理问题进行分析是一条可行的思路。近年来，制度理论被运用到组织结构和运营的研究上，用以分析组织制度化过程、组织相似性和差异性、制度环境对组织的影响。学者们围绕研究问题、研究对象、研究方法、研究边界和研究层次等方面积极探索创业研究范式，尽管还没有达成普遍共识，但已取得了显著进展。目前，虽然基于群体层次对家族企业治理结构的研究相对成熟，但是基于个体层次对家族企业治理结构的研究尚处于起步阶段，研究结论相当零散，缺乏系统性，且制度理论较少运用到家族企业治理结构的演变研究领域，因此本书的研究具有较大的研究空间。

关于家族企业的治理结构演变，除去动态性特征，每个家族企业的演变路径都带有独特的本企业基因和特征，因此，对企业结构演变的研究，宜从企业个体层面进行探讨。已经有学者意识到了外部环境对家族企业治理结构的影响,如张军等(2006)认为,要想改变我国民营企业的家族式组织形式和控制形式,必须先改变我国民营企业所面临的外部环境,只要外部环境有了进一步改善,竞争性的程度进一步加深,家族企业的生存空间就会更大,其面临的职业经理人市场就会更丰富,我国民营企业家族化倾向就必定会有所改变。他们主要从企业所处环境中的竞争强度的分析视角来探讨家族化治理,该研究发现,家族企业所处的市场竞争越激烈,企业越倾向于两权分离的治理。然而,不得不指出的是,这样的结论有悖于我国产业环境和家族企业治理演变的现实。当企业处于初创和成长期时,市场结构最分散,竞争最为激烈,这时候刚刚进入市场的家族企业更多地选择两权合一的家族化治理模式;随着企业的不断发展,部分企业遭到淘汰而退出市场,市场集中度提高,那些存活下来的家族企业开始逐渐引入职业经理人,此时更多地出现两权分离的治理机制。因此,完全从产品市场的竞争强度探讨家族企业的治理选择,并不能很好地解释家族式治理机制。贺俊(2008)基于产业组织视角,探讨了影响民营企业行为特征的外生产业因素,认为政府推行的产业发展战略与管制政策转变、基于比较占有优势的技术转移是两个重要的外生产业因素,然而,这也同样无法有效解释同一地区不同的家族企业家族化程度的差异。以上研究,在一定程度上论证了制度因素对新创企业的重要性,但对制度因素的研究多是从宏观层面和正式制度的角度展开,没有涉及制度因素对企业治理结构的影响。但是这些研究为以后的研究提供了一种思路,即从企业所处的外部环境探讨企业的治理选择。

对于新创立的家族企业而言,创始人与家族成员参与了创业过程,创始人权威在一定程度上有利于企业的成长和发展,但是新创立的家族企业的生存与成长不同于一般意义上的企业。由于新企业面临着"新进入缺陷",因而难以获得企业成长所必需的资源,在顾客和供应商关系上的缺陷甚至会影响到企业的生存,此时的新创企业如果采用与制度环境相容或已经扎根于制度环境之中的具有合法性的行为或结构,则能够有效地帮助克服"新进入缺陷"。然而这些组织层面的相互影响机制尚未得到家族企业研究者的重视,但不可忽视的是,这些因素是影响家族企业治理结构演变的重要制度因素。

本书拟以制度学理论为基础,从组织与制度环境的互动视角,探讨在与环境相互影响的过程中,家族企业组织结构不断演变的过程。综上所述,家族企业制度演变的研究重点,除企业权力在家族成员与外部成员之间的配置之外,还有环境对家族企业组织结构演变的影响,以及家族企业在适应外部环境时,如何主动寻求自身的合法性,建立满足自身特点的治理机制,并努力改变环境现状。

第3章　研究模型与假设

3.1　模型的构建思路

本书主要研究的是家族企业治理结构演变的影响因素。本章从制度视角出发，认为家族企业治理结构的演变过程是企业发展中不断与制度环境相适应，向利益相关者或更高层次的制度、体制诉诸其存在权力的过程，企业的制度化过程实际上是指其正式结构逐渐合乎情理要求的过程，这对于企业的发展也是很有必要的，制度化的过程有助于企业被外界广泛接受。通过对相关文献的梳理，笔者发现制度理论中的谋求合法化过程的逻辑对家族企业的治理结构演变过程具有较好的解释性，制度环境本质上是通过受到社会广泛认可的规则、制度、标准和规范等来影响企业行为的。家族企业通过不断地调整和改变企业行为来满足对制度环境的服从和适应，来满足社会体系对家族企业行为和治理结构的期望和要求，从而构成其获取和整合资源的重要手段，并且促进企业的生存和发展。

无论是获取资源，或者是促进企业更好发展，家族企业都不可避免地要进行治理结构和制度的不断变化，也就是说，企业要通过不断地适应并调整自身治理结构来谋求合法性，在获取合法性的基础上，再优化治理结构。所以，从本质上讲，制度化的过程反映的正是一种社会变迁，这个过程的产生形式可能是多样化的。（Hernes，1976）主要包括以下两种：一种制度化形式是外生的，当这一过程被要求时，通常会产生外生变化；另一种形式是内生的，它更多地源于企业内部。这两种形式并不是不可以兼容的。（Tolbert et al. ，1983）企业制度结构的演变过程源于内部，并且通过直接或间接的形式传递环境效应。（Child，1972；Thornton et al. ，

1975；Pfeffer et al.，1978)因此,在模型的构建时,需要考虑家族企业治理结构演变过程中源于企业内部的合法化实现途径。如上所述,学者对合法化实现途径的讨论主要分成两种观点。其中一种观点认为,企业能够通过主动的战略选择来谋求合法性,如企业通过模仿其他企业组织的行为和组织结构来谋求自身发展的合法性,因此家族企业在治理结构的演变过程中,是否会采取模仿其他组织的形式和制度的方式来发展和改变自身的结构,是本章需要回答的一个重要问题。进一步思考家族企业可能存在的组织模仿行为,其效果是否会受其他因素的影响。根据经济学的自增强理论可知,学习效应能够有效促进组织模仿的效果,也就是说,家族企业自身的学习能力会在很大程度上影响组织模仿对治理结构演变的效果。因此,本章借鉴并综合以上思路,将组织的学习能力纳入组织模仿对家族企业治理结构演变的影响的研究框架中。

通过第2章的分析可以发现,以往研究多是基于资源基础理论、委托代理理论和管家理论等来探讨家族企业权力在与自身有亲缘关系的家族成员和外部职业经理人之间进行配置的过程,但这些研究忽视了企业所面临的环境效应,即忽视了在不同的制度背景条件下,家族企业权力配置在治理结构演变过程中的差异性,尤其忽视了家族企业治理结构演变的前因。虽然有学者在探讨家族企业权力配置对企业治理效率影响的过程中关注了制度环境的调节作用(Peng et al.，2006，2010),但外部制度环境对家族企业治理结构演变过程的影响没有得到充分的研究。在已有的学者对正式组织结构进行的分析和探讨中,有两个流派的解释比较激烈且受到广泛关注:一个流派是将组织视为理性的,其隐藏的假设是组织外部的复杂环境对企业并不构成影响(Thompson，1967；Blau et al.，1971);另一个流派则关注到了组织所处的外部环境尤其是制度环境对企业生存的影响和对企业行为的制约(Meyer et al.，1977；Zucker，1982，1983)。两种不同的视角是基于不同的机制对组织结构进行的分析,前者基于效率,而后者基于企业组织对合法性的需求。为了进一步探讨以上问题,笔者认为,还须对家族企业治理结构演变过程中的关键问题进行进一步研究:不同的制度环境会如何影响家族企业的治理结构的演变方向,即制度环境是否会对家族企业治理结构的演变过程有塑造作用?中国各地区在市场化程度及法制环境等各方面发展的不平衡会对家族企业权力变更产生怎样的影响？理论模型中纳入制度环境对家族企业治理结构的演变会有什么影响？制度环境是否及如何影响企业治理结构的演进？外部制度环境在对家族企业治理结构演变的影响过程中，还会受到家族企业内部的组织认同的影响，家族成员基于亲缘关系而产生的家族认同与企业员工基于工作经验而形成的企业认同，各自会对外部制度环境的效果产生怎样的影响？

3.2 组织模仿与家族企业治理结构演变

3.2.1 组织模仿的内涵

目前，已有很多学者从不同的视角（包括制度理论、信息基础论、竞争基础论、组织学习理论和企业策略行为研究等视角）提出了组织模仿理论。模仿作为一种普遍的行为模式，受到企业领域研究者的广泛关注，企业在新产品生产、管理方法和组织形式的采纳、市场准入和投资时机方面，都可能对其他企业进行模仿。

行为经济学将组织模仿行为视为一种跟风行为。由于决策者自身的有限理性、信息的不完备及经验的缺乏，或者为了降低企业风险、避免不必要的损失，他们会通过观察其他企业的行为，在遇到相似的问题时，做出相似的决策。（李永刚，2004）行为经济学对组织模仿的研究，隐含着这样的假设：组织模仿是一种非理性行为。（Birhchandani et al.，1998）然而，这一视角对为何不同的企业都可能产生模仿行为，以及处于不同阶段（包括成熟期）的企业为何还有模仿行为等问题无法给出详细解答。

陈明哲教授提出的竞争动态（Competitive Dynamics）理论，也涉及了企业的模仿行为。他认为，组织模仿是企业应对外部竞争所产生的行为，在企业之间的竞争互动中，企业会产生一系列的反应，其中模仿其他企业的行为，就是一种应对竞争的反应。（Chen，1996）竞争动态理论对组织模仿产生的原因进行了探讨，但是，对于组织模仿的机制和效果等问题，还需要更进一步的研究。

制度理论也对组织模仿进行了分析。基于制度理论视角的研究发现，企业模仿的动机源于企业为了降低外部环境的不确定性、获得外部认可、获取合法性。由于制度不可避免地涉及社会期待的义务，制度常常作为一种行动者必须考虑的事项进入社会生活中。制度学派认为，制度会影响行为，不同组织机构的设计也会限制组织内成员的行为，也就是说，制度会塑造机构内成员的行为。对于制度如何塑造组织内成员的行为，一些学者进行了更深层次的探讨，得到的初步结论是，制度并不能一开始就直接塑造人的思维方式和行为，而是需要通过激励机制来影响组织或个人的行为选择，这就是说，制度通过影响资源分配的利益产生激励，鼓励或者迫使家族企业去接受及采纳那些社会上受到认可的做法，同时家族企业的行为会受到其他企业的影响。（Pfeffer et al.，1978；DiMaggio et al.，1983）制度理论从制度环境的模仿性角度研究了组织行为，制度化就意味着企业通过一系列社会化行为，在社会思考和行动中依托模仿机制获取类似规则的位置，具体来说，模仿机制发生作用就是依托于组织模仿行为的。

　　一个组织的部分环境是由其他组织的行为构成的（Schelling，1978），为了降低不确定性，企业最好模仿其他组织的行为，尤其是在当下的组织形式不能完全发挥作用的情况下，更应如此。组织目标及其实现目标的方法常常是模糊的，它们之间的联系也是不确定的，虽然特定绩效结果难以计量，但对外界利益共享者而言，很容易观察到组织的章程和内部规则、结构。这样，一家企业可以采用其他企业的组织形式或结构以降低风险，维持自身发展的需要并达到合法化。企业的制度化过程，正是通过不断采纳制度环境施加的形式和做法来实现的，而这种有意思的选择就是制度环境塑造的组织之间互相模仿学习的行为。当一个或多个企业对某种实践的运用加深了该实践本身受到外部认可的程度，进而提高这个实践被其他企业所利用的概率时，就产生了组织模仿。这些模仿减缓了组织的动荡，降低了组织的风险，因为它扎根在制度环境里，不容易受环境的冲击。通过模仿其他组织的形式和做法，家族企业的组织结构开始变得合法了，因此即使这些组织效率不高，它也不会轻易地受到冲击，并同时会运用合法性来巩固自身，从而存续下去并获得发展。迪玛奇奥等（2006）在考虑这些机制时强调了人们行为的功利性基础。为什么组织会采纳这些做法？这是因为这样做符合它们的利益，提高了它们的生存能力，这里的一个基本机制是在利益基础上进行有意识的选择。因此，家族企业的治理变革和组织结构的改变可能是适应制度环境的结果。制度理论又进一步挖掘了组织模仿的形式和作用机制,认为企业倾向于模仿规模大的、绩效好的企业的行为和制度,主要是因为规模大的、绩效好的企业释放出更多的合法性信号。(Haveman,1993)

综上所述,可以假设,在面临不确定的外部环境和其他同类型企业的竞争压力时,家族企业会倾向于模仿具有相似特征的企业的行为。

3.2.2 组织模仿对家族企业治理结构演变的影响

学术界基于制度理论、组织学习理论和企业行为决策等视角对组织模仿行为进行了研究,但这些研究的结论并不相同,而产生不同结论的一个重要原因就是对组织模仿动机的探究程度不同。不同的理论暗含了不同的潜在模仿方式(DiMaggio et al.,1983;Levitt et al.,1988;Galaskiewicz et al.,1989),而实证研究表明,家族企业模仿的效果,在很大程度上取决于具体的组织模仿形式,因为组织模仿行为正是基于具体形式,才能真正产生作用的。

接下来,我们进一步探讨组织模仿的方式。Tolbert et al.(1983)在梳理以往研究的基础上,区分了三种基本的组织模仿方式:第一种是基于频率的学习,企业实施的是大量其他企业所采用的做法;第二种是基于特征的学习,组织学习具有特定特征(如规模大)的许多其他企业所采用的做法;第三种是基于结果的学习,组织学习那些其他企业过去所实行的、看起来具有好结果并能避免坏结果的做法。尽管同时出现三种模仿方式是可能的,但是大多数研究表明,企业在实际的操作中往往强调其中的某一种方式。之后,Lieberman et al.(2006)在探讨"企业为何相互模仿"的研究中,基于动机将模仿方式划分为两大类型:第一类是基于信息的模仿(Information-Based Imitation),这一类型的模仿强调了信息数据或知识在组织模仿中的重要性,当其他企业认为一个企业拥有出众的信息数据或知识时,便会对这个企业进行模仿;第二类是基于竞争的模仿(Rivalry-Based Imitation),基于竞争的模仿主要是为了降低风险和环境的不确定性,维持企业在市场中的地位。上述分类方式虽然对组织模仿进行了归纳,但是,三种基本的组织模仿方式和基于动机的两类模仿方式的分类,对模仿行为的作用机制并不具有较好的说服力。模仿作为一种具体的企业行为,它的作用方式在很大程度上取决于行为的过程和效果,而行为过程和效果在很大程度上又取决于企业产生模仿行为的内在需要及模仿行为产生的外在环境。所谓产生模仿行为的内在需求，也就是模仿诱因，它强调的是促使组织进行模仿的刺激。制度理论将模仿诱因归结为外部环境的不确定性，企业正是因为外部环境的不确定性和可能产生的风险，才会模仿其他企业的行为和做法；也就是说，当环境不确定性导致企业无法获知某一行为的效率时，它就更有可能学习和模仿其他组织以获取相关信息。组织学习理论进一步说明，对于缺乏直接经验的组织而言，不确定性对它们模仿的刺激作用更为明显。

早期的实证研究发现，公司采用许多其他公司所采用的行为和组织结构，是因为当许多企业都采用这种行为和组织结构时，它们的合法性就增强了。（Tolbert et al.，1983；DiMaggio et al.，1983）而后期的研究进一步发现，实际上组织模仿可能通过一种更为复杂的或微妙的影响形式发生；也就是说，除企业不假思索地采取理所应当的方式模仿其他企业，还存在着更加具有社会化的过程，而这一过程的实现机制，可以通过相似性标准体现出来。

相似性（Similarity）是心理学中的一个重要概念，有大量的研究对此进行了讨论。（Kelly，1955；Tversky，1977；Rosch，1978；Ashby et al.，1988）认知心理学中有三个流派的研究与本书的研究相关：第一个是归类理论（Classification Theories），归类理论集中于相似性概念的属类和层级关系。（Johnson-Laird et al.，1977；Rosch，1978；Lakoff，1987）这类研究表明，认知性的分类是基于人们所感知的关于目标或事件分类属性的相似性或差异性。（Rosch，1978；Smith et al.，1981）归类理论被广泛地应用于识别竞争者。相似性作为一种社会指标，会对组织行为产生影响。相似性是组织的个体进行目标分类，在概念形成过程中依据的重要准则，相似性标准作为组织知识的中心，是判断和评价相似性的重要准则，而相似性标准能够有效地指引组织的学习和行为，因此，相似性和相似性标准在企业的决策过程中扮演着重要角色。（Tversky，1977）在制订企业决策的过程中，相似性标准能够帮助企业更好地分类、协调和比较市场、组织及事件。（Simon，1945；Schwenk，1984；Reger et al.，1993）Farjoun et al.（1997）认为，相似性标准能够为企业提供一个简化的社会化决策机制，从而预测外部环境的状况。做别人做的，从而可以"合

群",这是社会行为的一般形式。企业总是在看别人怎么做（White,
1981），而看的对象，则是和企业具有相似性的同群，这种平等个体之间在
各种社会关系中所产生的相互作用就是社会学中的同群效应（Peer
Effect），其中某一个体的行为及结果受到同群者的影响，这里的同群者
在很大程度上取决于与它们在结构中居于相似地位的企业（Burt,
1987），所有企业处在一种平等关系里（Winston et al.，2003）。DiMaggio
et al.(1983)的研究表明，相似性可能很容易地使组织之间发生交易，吸
引有事业心的职员，获得较好的组织声誉，有资格获得公共和私人捐款，
达到更好的合同签订效果。因此，相似性标准对组织行为和决策制订具
有很好的解释力。在战略分析领域，竞争者的界定，产品和资源的差异化
分析，以及企业业务组合的选择，都需要对企业、资源、产品、市场和其他
目标的相似性（或者差异性）进行判定，都会使用到相似性标准。

相似性标准，通常是在企业对现存和潜在的竞争者的属性进行比较
后产生的，这些比较的维度，包括了企业的资源、产品和竞争者（Abell,
1980；Fiegenbaum et al.，1990），以及产品和资源定位等因素（Porter,
1980；Wernerfelt，1984；Barney，1991）。综合分析这些因素后可以发
现，这些维度综合考虑了企业所处的行业特征和区域特征，而行业和区域
构成了模仿者所属群体的社会参照系统（Festinger et al.，1950；Merton,
1968），这就是说，企业选择模仿或者参照对象的标准包括产业的相似性、
区域位置的相似性。地区的相同和行业的相同，会增加企业模仿其他家
族企业的可能性，表现为企业治理结构的不断演变。

因此，借鉴制度理论，在之后的模型构建和理论假设部分，本书基于
组织模仿的动机和效果，将其具体化为行业模仿和地区模仿。

(1)行业模仿

Maurer(1971)认为，组织谋求合法性的过程就是向同行诉求其存在
权利的过程。而这里涉及的同行，可以从行业因素加以考虑。这是因为
行业特征作为一种具有约束性的条件，会使同一个行业中的企业具有某
种程度的同质性。这种同质性具体体现在同一个行业中的企业的平均规
模、资金规模、利润率、行业门槛、行业技术水平、生存环境和竞争程度等
方面。这些方面的同质性或者相似性，就相当于处于同一行业内的企业
分享行业内受到认可的、相同或相似的环境标准和做法。这能够使同行

业的家族企业通过采用一些被行业所接受的方式,提高社会地位,获得社会认可,并促进组织间的资源交换,从而促进企业的发展。这个行业内共同分享的标准和做法,不仅包括与行业技术指标相关的以需求、竞争、资源等为核心的内容,而且包括行业内的法规、规范和惯例等内容。当具有行业特征的法律制度、规范、观念或某种特定的组织形式成为被广为接受的社会事实之后,它们就会成为规范行业内企业行为的观念因素。因此,若一个行业中的企业所采取的组织形式对于其所处的行业环境来说是合理的,则行业中的相关参与者会认为这是为了达到行业要求而能采取的最为自然的组织形式。具体来说,对行业内的家族企业而言,其行业行为和组织结构会诱使或迫使它们采纳与这种共享观念相符的组织结构和制度。

因此提出如下假设:

H1a:行业模仿引起企业的家族化演变。

(2)地区模仿

地区模仿,是指企业倾向于模仿其所处地区中已有的相同的或成功的企业。一个社会有各种制度产生,为什么有的制度被使用并保存了下来,而有的制度被自然而然地淘汰了? 保存或淘汰的机制是什么? Sugden(1986,1989)认为:第一,保存或淘汰的机制在很多的情况下和理性没有关系;第二,存在"类比"机制,也就是说,如果某种制度能够在自然或者日常生活中找到令人信服的"类比",那么这种制度就有很大的可能被采纳。根据新制度主义的研究,公司采用该区域其他公司已经采纳的组织结构,是因为随着这一结构在这一区域被广泛采纳,这种结构的合法性在该区域中是不断增强的。企业需要用合法的实践,或者一种更无意识的影响形式,来建立合乎情理的结构。正是由于这一地区采取这种做法的企业很多,该地区的其他企业通过不断采用这一形式,更是加强了这一形式的合法性,选择过程可能运用非经济的、社会的机制,其中的"身份"即一种社会机制。

根据近些年浙江地区的企业发展情况,也可以从另一个侧面看出地区模仿对家族企业治理结构演变所产生的影响。浙江的温州、宁波和台州等地区的企业在初期规模都很小,之后进入发展较快的成长期,逐渐成长为一批规模较大、制度结构非常相似的企业。这些企业的本质特征就是家族制模式,由创业者一手创建企业,在企业的发展过程中,不断地壮大企业;随着企业规模的不断扩大,创始人开始将家族人员纳入企业,参与企业的控制和管理。而其中地区环境的相似性产生了相似的价值观念、环境和市场资源配置的体制,当该地区的其他企业采用同一种组织实践形式时,在某种程度上对这种组织实践的后果形成一定担保,使得该地区的企业在发展过程中呈现出很高的制度相似性,这些反映了地区模仿的效果。

因此,提出如下假设:

H1b:地区模仿引起企业的家族化演变。

3.3 学习能力的调节作用

3.3.1 学习能力的内涵

Arthur(1988)在研究经济学中的自增强机制时,提出了经济学的自增强理论。该理论指出,经济系统中的学习效应能够有效促进自增强效应的产生。焦豪等(2008)的研究表明,组织学习起始于企业内部对外部环境的感知而不断产生新的想法,并使其在企业内传播化、复制化、扩散化与制度化。Teece et al.(1997)认为,组织学习为提升组织应对外部环境变化的能力,进而调整并改变组织既有规则等提供了基础。而实际上,组织的学习过程并不是自动发生的,组织学习能否发生及学习效果如何,归根结底取决于组织自身的学习能力。企业通过不断地调整和创新自身行为来发挥学习能力的作用,这对于企业应对快速变化的环境具有重要作用,因而学习能力是企业生存的必要条件和核心能力。(谢洪明,2005)

以往,有关学习能力的研究,大多数集中于解释"学习能力会对企业绩效产生怎样的影响"。Real et al.(2006)在归纳以往相关研究的基础上,对学习能力的效果进行了梳理,发现组织的学习能力有利于提高企业竞争能力、组织创新能力和企业绩效。Alegre et al.(2008)基于意大利和西班牙的企业样本,对组织的学习能力与企业绩效的关系进行了验证,得到的结论与之前的研究一致。虽然也有部分学者认为,学习能力和企业竞争优势、企业绩效并无直接关系(Crossan,1999;Edmondson,1999),但是大多数学者对学习能力的效用都有较为一致的结论。实际上,组织的学习能力以有效的方式丰富企业的知识,改变企业的行为。然而,目前学术界缺乏关于学习能力对企业组织结构演变的影响的研究,但这两者间存在着内部的逻辑联系。

从战略管理角度看,任何企业的成长路径都不可能是预先规划好的,公司的发展是一个动态的组织学习过程,学习能力的提升可以帮助企业更好地总结并清晰化公司战略。在中国的企业实践中,企业的发展历程在很大程度上体现的都是摸着石头过河的发展路线和策略。这其中体现的就是学习能力让企业在成长过程中不断地适应环境、积累经验,从而谋求发展。尤其是在外部环境不确定的情况下,家族企业由于受到环境和自身资源的制约,以及初期的市场观念的影响,其发展在很大程度上缺乏广泛的社会认可和支持,因此不可能依赖传统的战略规划学派或设计学派所倡导的、预先确定的"战略规划"。此时,学习能力对企业行为和发展方向就产生了重要的影响。学习能力的提升,包含着企业内知识的增加,而企业的知识理论越来越多地被用来解释企业行为(Kogut et al.,1996),因此家族企业的学习能力能够提高其行为的效率,帮助企业更好地认识环境、清晰发展战略。另外,根据战略管理学派中的"学习学派"的说法,考虑到制度变迁分析主要是分析与现存制订规则相联系的学习过程,进一步结合家族企业的特性和发展实践,可以推测,家族企业学习能力对企业行为和制度会产生重要作用。

3.3.2 学习能力对组织模仿与家族企业治理结构演变间关系的调节作用

通过上述内容可知,企业会模仿相同环境中其他组织的行为和做法,影响模仿效果的一个重要因素是组织的学习能力。诺思(1990)认为,从认知和组织制度变迁到启动制度变迁,这个过程主要是通过组织模仿来实现的,其速度和效果取决于认知的能力。而组织的学习能力包含着认知能力的内涵,这会对学习过程的速度和效果产生重要影响,主要体现在:

第一,学习能力较强的企业通常拥有具备极强学习能力的"企业家"或者"精英"。这些对企业学习能力产生重要影响的企业精英通过个人层面、群体层面甚至组织层面的学习,不断地反馈和强化,使企业能够掌握有关内外部环境的知识。他们对所处环境保持很高的敏感性,进而能敏锐地感知到环境的变化,并预计环境对企业产生的影响,让企业在激烈的竞争中及时改正缺点和弥补不足,吸收其他组织的先进经验和教训,促使企业不断地调整(Pilar et al.,2005),塑造与环境更适宜的组织结构、决策过程和沟通力量。从而改变企业现有技术和组织结构,建立一个运行流畅、富有弹性和适应性的组织,使其适应环境中出现的变化(Calantone et al.,1979)。

第二,在家族企业学习和模仿的过程中,学习能力的提高能帮助组织改进常规运作的系统性方法,促进组织惯例和规则的演变。(Christensen et al. 2003;Miller,1983)在家族企业发展的过程中,企业高管对各类决策进行探询和分析,将对话引入决策过程,这会使他们对企业的未来存在某种愿景,这种愿景会促使他们通过实施行动来改变企业的现状。Swee et al.(1997)认为,学习能力包含着团队成员对价值观的共同遵守,基于对价值观的维护和遵守,成员对企业发展和演变的方向形成共享的价值观,即产生了组织内部的协调效应(Coordination Effect)。而 North(1990)的研究说明,协调效应的产生使制度变迁产生了报酬递增的效果,因此,组织学习能力的提升增强了企业模仿学习的效果。

第三,组织具有较高的学习能力,意味着企业能有一种倾向于采纳并奖励具有创新想法的人的行为。企业的管理者经常提供有利于机会识别和发现潜在问题的信息,因此企业的员工在执行任务中会充分表达自己的观点,提出关于工作流程和方法的建议,并充分利用组织内的信息,试验和创新可供改进的工作流程。管理者十分鼓励员工进行试验以改进工作流程,员工通常能够达成具有共识的价值观,他们的目标也能够得到广泛的支持和接受。由此,企业便形成了一套能够学习其他组织成功经验的机制(Swee et al.,1997;Pilar et al.,2005),从而能够有效地推动组织的模仿行为。

第四,Nonaka et al.(1995)的研究认为,对于企业而言,相对于积累知识,应用、创造新知识这一不断学习的过程更为重要,企业员工在共同决策和共同工作的过程中,会加深对彼此影响的程度。而在这个过程中,拥有好的学习能力的企业通过组织内部个体间的交流与互动,共同解决组织面临的复杂问题,形成了良好的组织学习氛围。当企业内部弥漫着良好的学习氛围,就会促进企业适应复杂变化的环境,企业内成员的交互式学习(Learning by Interacting),帮助企业员工从伙伴处获得新知识与敏感信息,积累知识、信息等资源,并将获取的知识和信息精练化、标准化、常规化,提高本企业对知识和信息的理解与消化能力,从而确保知识和信息充分地被组织所利用(McGrath,2001;Lewin et al.,1999)。

第五,North(1990)的分析表明,制度变迁在学习效应的作用下,会产生报酬递增的效用。这种学习效用,就是网络的外部性及企业现存的制度框架共同作用的结果。企业学习能力的不断提高,有利于企业内外知识、信息的交换和共享。具体来说,就是企业基于自身现存的制度结构和特征,从外部网络中不断地吸收与本企业发展相关的知识和信息,再结合本企业的情况加以运用,促进企业朝着与外部环境相似的方向和路径演变。而这一过程中学习效应的作用,取决于组织的学习能力,学习能力越强的企业,其自主适应环境变化、自行建立学习机制的能力就越强,学习效应的效果就越好。

第六,Barton(1992)指出,学习能力指企业通过构建组织和规范程序进行管理实践,以促进和鼓励学习的能力。组织需要通过学习的过程在竞争中搜寻新知识,调整知识资产结构,塑造具有适应性的组织惯例。企业的学习能力通过知识的获取、传播和共享而不断提高,学习能力较强的企业可以掌握有关企业内外部环境的知识(毛建军等,2008),这种基于企业成员的、共同的知识体系,是一个企业的重要无形资产。Goh et al.(2008)通过比较学习型组织与其竞争对手后发现,学习能力有利于企业的知识转移,并产生新知识以解决问题。彭说龙等(2005)认为,组织通过创造性的学习可以获得程序和系统上的创新。Prieto et al.(2006)通过研究西班牙111个企业,探究了企业的学习能力与企业绩效的关系。结果显示,学习能力的提升对企业的财务绩效与非财务绩效都有积极的影响。

综上所述,通过模仿那些已经成功了的企业的做法,可以提高家族企业模仿的效果,组织学习能力越强就越能促进家族企业治理结构的同化。

因此,提出以下假设:

H2a:行业模仿与该行业内企业家族化演变趋势的关系,将被企业的学习能力所加强。

H2b：地区模仿与该地区企业家族化演变趋势的关系，将被企业的学习能力所加强。

3.4 制度环境与家族企业治理结构演变

3.4.1 制度环境的内涵

制度环境是一系列与政治、经济和文化有关的法律、法规和习俗，它们是用来建立生产、交换与分配基础的，例如，法律和产权规则、规范和社会传统等。制度环境中的制度之间是相互联系和相互依赖的，相互依赖的制度构成了整个制度环境的均衡状态。（青木昌彦，2001）

对于企业而言，制度环境包含着由政府政策、法律法规、投资者保护和控制权市场机制构成的外部正式制度环境，也包括规范、信任和伦理等被"广为接受"的非正式制度因素。在政府政策方面，制度环境的差异性体现在政府通过控制审批、许可、资金、获得技术和其他稀缺资源的权力及制定产业政策等方式对经济施行调控的程度上。虽然政府对市场的干预可能是中性的，但是从资源配置效率上看，政府干预的负面作用常常非常明显。市场转型期的制度环境的基本特征为资本市场信息不透明、公司治理不完善、法制不到位、中介组织不健全和要素市场竞争不充分等，综合体现在市场化进程的差异上。对于家族企业而言，较好的制度环境意味着较深的市场化程度和行政计划干预的减少，这有助于资源配置效率的提高。（方军雄，2006）任何组织的成长都是一个动态过程，是一个根据组织内外部环境变化不断进行适应性调整的过程，家族企业的演变过程本质上是企业通过利益相关者依据特定时点的制度背景调整企业行为。制度背景的差异影响着人们对家族企业行为的预期和效果的判定，因此会对家族企业治理结构演变速度和效果产生重要影响。转型经济中的家族企业在不同地区的发展情况存在着差异，地区之间制度发展的不平衡又影响着企业行为上的差异，企业行为是其对制度的反应。（孙铮等，2005）制度理论也认为，不同的制度具有不同的关于激励和约束的可信性，不同的制度环境下的激励和约束自然影响企业做出的最优决策。孙铮等（2005）通过实证分析证实了中国各地区制度环境方面发展的不平衡对企业行为的重要影响。综上所述，可以推断，家族企业所处的外部制度环境会对家族企业的组织结构演变过程产生重要影响。

3.4.2 制度环境对家族企业治理结构演变的影响

家族企业的治理结构演变本质上是一种社会活动过程,不同规模和不同性质的企业的演变路径受制度环境影响的程度和范围存在明显差异。(Hellman et al.,2000)改制后的国有企业在公司治理模式中保留了部分计划经济体系下的行政结构,其经营决策的确定主要基于国家和政府的偏好,而其经营理念又充分体现了社会价值和文化传承,具有高度合法性。由企业家控制的公司在许多国家的家族企业中是非常常见的,在市场缺乏足够的约束力、社会信任体系中机会主义行为频发、治理效率低下的制度环境里,也会出现大中型的家族企业通过家族控制的方式来实施公司治理的现象。家族企业的治理内容和方式有很大的不确定性,在不同的制度环境中有着独特的方式。另外,家族企业的发展要求通常是与当前的制度环境相冲突的,而且其价值观念在社会深层意识中尚未被完全接受,合法性程度较低(Ahlstrom et al., 2000),因此其演变结果也会因制度环境的差异而出现很强的不确定性。

当家族企业运行在较好的制度环境中时,由于外部的规制环境能够有效地保护股东权益,也能够形成发达的产品和劳动力市场,企业更多的是依赖外部发达的市场所提供的各种资源而获得发展。而较差的制度环境则意味着,家族企业通常很难通过市场的有效性去获得组织发展所需的各种资源(刘小玄,2003),即往往无法通过正式的渠道获取资源,而是要更大程度地依赖非正式渠道或广泛的社会网络。(Peng,2003)家族企业的发展更依赖的是以亲缘关系和家族纽带为基础的家族成员所具有的人力资本、社会资本、金融资本及其他各种无形资源。(Arregle et al., 2007;Dyer,2006;Sirmon et al., 2003)家族成为企业最主要的筹资渠道,家族成员的社会网络会让企业赢得客户、供应商和金融机构等关键利益群体的信任和支持。这有助于增加企业与其他组织间资源交换和协作的效果,提高资源获取的效率,降低对资源被攫取的担忧,驱动更大程度的资源分享,从而解决外部制度环境所造成的资源配置低效问题,有效地促进企业资源的积累。

家族企业还有一个优势就是公关能力,具体表现在与政府打交道的能力和与大客户打交道的能力上。越是在法制水平低下、人治特征明显的环境（意味着官员个人可以更改法规和政策），企业与政府官员的私人关系越重要，而家族与政府的关系是可以继承的资源（人治政府的官员具有世袭特征），家族成员可能从很小的时候就熟悉了政府的运作，也熟悉了重要官员或其子女，或者家族对政府的公益事业有过帮助，这些都可以作为成功公关的资源。因此，家族企业主会选择将企业的控制权移交给家族成员，以使其继承家族所掌握的公关资源。

此外，较好的制度环境能对企业成员的行为形成严格的约束，减少无效交易行为的发生，从而降低市场交易成本。当家族企业处在较差的外部制度环境中，信息不对称问题的普遍存在使利益相关者很难根据直接经验、企业行为对家族企业做出全面的评价，导致机会主义行为大量产生，市场交易成本大幅上升。为了解决由信息不对称所引起的市场失效问题，新古典经济学认为，健全的法律制度是唯一有效的方法。（张维迎，2002）但是，法律制度提供的合约执行机制的有效性依赖于两个条件：事前签订的合同条款的完备性与事后合同约定行为的可观察性和可验证性。（张维迎，2002）而审计服务所具有的属性决定了事前签订一个完备的合同（详细约定审计质量应当达到的程度）及事后判定行为的违约程度的成本将是非常高昂的。代价不菲的法律诉讼成本也阻碍了市场主体对法律制度的运用。（方流芳，1999）如果法律、政策等通用契约中缺乏对企业的有力保护，企业只能通过特殊契约加以自我保护，然而自我保护存在规模不经济的问题。这种特殊契约可能是正式制度，也可能是非正式制度，家族制正是这样一种非正式制度。因此，因外部环境所产生的高额交易成本让家族企业具有很强的动机通过强化家族权力来促进信息分享并降低交易成本。（Lane et al.，2001）家族成员共同所有权产生的利他主义倾向，可以抑制代理成本上升的趋势，并有效降低交易成本（Williamson，1985），这有效地加深了家族认同对企业的家族化演变的影响程度。

较差的制度环境无法形成完善的经理人市场，这将导致代理人行为的难以观测，从而使得委托代理合约的监督和履行成本高昂（Hill，1995；Williamson，1985），此时家族企业中的企业主更愿意将企业内的关键权力岗位配置给与自身有亲缘关系的家族成员，这种强化家族制的演变方式的出现主要基于以下方面的原因:第一,企业之所以成为家族企业是因为其行为的特殊性(Chua et al.,1999),而行为来自一定的家族意图,它是家族企业主强烈情感意愿的体现,主要表现为家族对企业的管理、控制和继任意图(李新春等,2004;杨国枢,1981)。家族企业主通过自身控制的优势联盟去塑造和追求家族意图,维持家族对企业的长期控制。(Litz,1995)在较差的制度环境下,外部环境并不能为家族企业的生产活动和利益提供有效的保护和支持,家族企业的运营面临着巨大的风险和不确定性,此时企业主有很强的动机通过加强对企业的控制来降低环境的不确定性所带来的影响。之所以将家族企业内管理的关键权力岗位配置给家族成员,是因为同一个家族的成员之间所形成的终身契约制度,这一制度有利于降低外部不确定性,更有利于企业主通过自身控制的优势联盟去塑造和追求家族意图。第二,市场支持制度较弱的背景条件下,企业资源的获取渠道更多地依赖非正式渠道或广泛的社会网络。此时,企业主将关键权力配置给家族成员,除加强对企业的控制之外,还可以利用家族成员所具有的各种网络资本对企业进行专有性投资,维持企业在家族控制下的经营。第三,由于在较差的外部制度环境中无法形成有效的经理人市场,在经理人市场不完善而无法保证企业能吸纳到守信而忠诚的经理人的情况下(储小平等,2003),将关键权力岗位配置给职业经理人很有可能导致高昂的委托代理合约的监督和履行成本。(Hill,1995;Williamson,1985)虽然聘用家族代理人也会产生一些道德风险、搭便车及在职消费的问题,但企业主在家族中具有的权威能将家族代理人的机会主义行为控制在一定可接受的范围之内。将关键权力岗位配置给家族成员是维持家族控制的最优选择,此时内部的治理是对外部低效治理的一种有效替代;将权力配置给家族成员也可以更好地防范经营过程中的一些失控问题,如财务信息泄露或经理政变。(李新春等,2000)

市场化程度越低的地区,外部环境的不确定性越强,因此来源于同一个家族的企业主要所有者或主要经营者间形成终身契约制度,有利于降低不确定性,把有限责任在一定程度上变为无限责任,使不完全合约得到完善,变得更加完全一些,从而使企业在动荡的环境中形成一个相对稳定的结构。如企业主与主要所有者或主要经营者可能是同一个人,或来源于同一个家族,家族成员遍布企业各关键岗位,此时家族治理模式对企业价值的影响力就增强了。因此本书认为,在市场化程度高的环境中,家族势力适用范围缩小;在市场化程度低的环境中,家族势力适用范围就较为广泛,家族制直接与市场化的进程反向变动,家族制的消长受制于市场交易成本的消长,家族制是作为市场化的替代和补充的。企业家控制的公司治理模式在许多国家的家族企业(特别是小型家族企业)中是极为常见的,在市场法律治理缺乏足够的约束力和社会信任体系中机会主义成本很高的制度环境里,大中型企业组织甚至也可能选择以企业家控制的方式来实施公司治理。企业家控制这种个人通过所有权和控制权融合的方式实现的公司治理模式,在不同的经济制度环境中有着独特的经济与非经济价值,例如,这不但可以充分释放企业家个人的企业家精神,而且还兼具决策快捷性和灵活性等优势。因此,外部制度约束会影响到家族企业的企业主对公司治理结构的选择和调整(Jiang et al., 2010;Peng et al., 2010),即企业主对企业内部权力的配置往往体现的是这种配置机制与外部制度约束安排相适应的一种均衡结果。

基于以上分析,提出如下假设:

H3:制度环境与企业的家族化负相关,即制度环境的改善不利于企业的家族化演变。

3.5 组织认同的调节作用

3.5.1 组织认同的内涵

赫希曼(2002)在 *Shifting Involvement* 一书中提出,人的行为并非都具有理性,人并不总是在追求利益最大化,更符合实际情况的是通常情况下可观察到的人的两种不同行为:第一种是有的时候人会基于效率最大化原则,追求个人收益的最大化;第二种则是人也会志愿参加一些公益活动或其他集体活动。经济学和社会学对人的这两个不同的行为分别进行了分析。经济学的基本前提是人会追求自己的利益最大化,其行为受到未来利益的驱使。因此,基于经济学的企业行为研究,通常是将家族企业设想为一个理性的角色,在这种逻辑下,家族企业的治理结构演变的动力是新的治理结构能够更好地满足这个角色的利益,这种治理结构的演变过程是一种帕累托改进。在此,制度变迁只有在受益者能够补偿受害者的情况下才发生。家族企业作为家族和企业的一种有机结合体,有的时候不完全受到经济(效率)机制的影响。社会学强调了社会规范对人的行为的约束功能,即强调的是过去产生的社会规范对人的行为的塑造和约束。作为家族成员,与"效率机制"相比,"社会规范"会对他们的行为产生什么不同的影响呢?

组织认同,即个体对组织的成员感和归属感,是企业内的组织成员在长期的相处和工作中形成的一种规范。家族企业是一种复杂的结合体,既体现了家族与企业的结合(Chua et al.,1999;Habbershon et al.,2003;Simon et al.,2003),也体现了情感与工作两种系统的结合(Davis,1983)。因此,其组织认同的内涵中既应包括传统组织行为领域所研究的员工对企业的归属感,也应包括家族企业作为一种特殊组织形态所表现出的"家族性"。家族企业以天然血缘关系为纽带,一开始就体现出了共同的家族价值观,并在共同愿景和共同利益的基础上逐渐形成无须明确订立也被家族成员共同遵守的规则,这是关系治理形成与发展的根基。家族企业成员之间并没有签订受法律保护的书面协议,但因循家族中长期形成的习惯和规则,彼此有一套默认的关系处理方式和行为准则。家族企业内部各方的权利与义务处于开放式的修正状态和允许动态调整的过程中。长期共同生活所形成的家族规范决定了家族成员之间的权利与义务关系,各方对权利与义务的默认和自我履行在家族企业初创期表现得特别突出。因此,在家族企业的发展和演变过程中,并不会仅仅只考虑一些经济上的目的(Morck et al.,2003,2004),也会追求一些非经济目标(Sharma et al.,1997),而非经济目标就包括了家族成员对家族企业的一种情感联系,这种特殊的情感联系就是家族认同。这种家族认同使得家族企业在发展的过程中,对企业的资源和权力进行配置时,先考虑的就是关系认定,通过思考"我们之间存在怎样的关系"(Hwang,1987;黄光国,1985)、"对方是否具有家族身份"、"对方是不是受到认可的家族成员"来决定如何对待对方,比如,在权力的配置上是否会优先考虑对方(杨国枢,1981)。家族认同还意味着家族对企业持续控制的欲望。在经济因素之外,家族所有的企业极可能长久地存在着所有者对企业事物的直接控制这一现象。这样,这种基于亲缘关系的家族认同,就会决定家族权力的配置情况,从而影响到家族企业治理结构的演变路径。

同时,对于企业组织而言,企业员工也会对家族企业产生一种企业认同。当企业员工接受组织的使命、愿景和目标,并把自己看作组织的一员时,他们就产生了身份认同感。此时,他们会按照企业的目标而工作,会为企业的成功而努力。在工作过程中,他们更愿意合作,并把自己当作组织公民,真诚地、不求报偿地行动。随着组织规模的扩大化、复杂化和无边界化,组织认同更加成为提供组织内聚力的主要手段和组织成功的关键要素(Mael et al., 1992;Reade, 2001;Smidts et al., 2001),家族企业试图将员工塑造成组织内部人员,而员工也期望重新定位自己在家族企业中的角色,以便更好地融入工作(Fisher, 1986)。组织管理者深深地意识到组织认同对企业发展的重要性,而员工对组织认同的缺乏也可能引起严重的组织问题。因此,企业成员的企业认同也会影响家族企业权力和职位配置的动态演变过程。

3.5.2 组织认同对制度环境与家族企业治理结构演变的关系的调节作用

(1)家族认同的调节作用

华人社会的运作重心中不可忽视的一个单位就是"家族",其社会结构的基础就是亲缘关系(黄囖莉,1999;许倬云,1988),这就决定了其社会行为呈现出一种特殊的"关系主义"特征(费孝通,1985;Hwang,1987;杨国枢,2004)。家族企业是由创始人或创业家族成员通过开发商业机会、组织资源创建的,在创业过程中,参与创业的家族成员通过有效沟通、共同承担风险等,形成了对企业未来发展相同或相似的观念和期待。家族成员对企业有着极强的情感依附,甚至将企业当作生命的延续,而这些被家族成员所接受的制度因素都是企业治理结构形成过程中不可忽视的因素。家族成员对企业产生的情感联系,具体表现为基于家族关系的家族成员存在对彼此本能的感情偏好,他们肯定自己作为家族成员这一身份的价值和独特性。一个家族所有企业为它的基于家族联系的成员提供了一个独特的自定义角色,这样一种身份感的存在是建立在有目的的组织行为范围之外的,并且被视为一个支配性的概念,有利于家族其他成员的团结及其对家族组织的认同(Kets,1993),使他们从心理上关心其他家族成员,关心家族企业未来的长远发展,家族成员也会通过与企业的联系产生一种对自己家族的、具有亲缘关系的成员的关怀,并与家族其他成员共享财富。家族成员的社会地位是与其家族紧密联系着的,这种持续的依附就意味着自我概念和自我评估会随着家族成员在企业内形成的用以支撑个人声誉的身份感的变化而不断变化,家族象征是家族企业身份表现的核心所在(Littunen,2003)。Kets(1993)对超过 300 家企业的家族所有者进行深度访谈后发现,家族所有者在由企业带来的家族感情需求及因其产生的满足感方面有一种极强的偏好(比如,一种骄傲感及为下一代保持一种好的家族声誉),这种偏好甚至超过了对财务目标的追求。因此,企业中的家族成员会特别强调他们在家族企业中的特殊身份,而这种特殊身份就构成了一种基于家族身份的家族认同,其内涵包括家族成员因在企业内拥有的所有权、影响力和亲密感而产生的满足感(Kepner,1983),通过企业使家族价值永存(Handler,1990),行使权威的能力(Schulze et al.,2003b),保留家族代际(Casson,1999),履行建立在血缘关系而非严格竞争标准之上的家族职责(Athanassiou et al.,2002),对家族成员提供实行利他行为的机会(Schulze et al.,2003),保存家族企业的社会资本(Arregle et al.,2005)。

首先,家族成员之间的利他主义能够使家族成员从心理上产生必须关心其他家族成员的责任感,从而会形成相互照顾的风气和习惯。(Simon,1993)具有利他主义倾向的家族成员会表现出对亲戚等其他家族成员的慷慨和福利关怀。家族认同的行为方式遵循着"尊尊法则""亲亲法则"。"尊尊法则"是指一种长幼尊卑的原则。在人际互动和社会活动中,要先根据"尊尊法则"来决定谁是资源支配者;在决定了企业的资源支配者之后,再根据"亲亲法则",即亲缘关系的原则来决定资源分配的方式(黄光国,1985;Yang,2003)。家族企业的企业主或家族成员在自荐分配企业管理权、所有权和控制权的时候,也会遵循这些法则。企业主将关键权力岗位配置给自己人,家族成员之间共享的偏好和价值观可以减少工作当中的冲突(Davis et al.,2001),这样易于形成家族和谐的局面。家族内部的和谐有助于家族代理人对家族事业忠心耿耿,对家族事业的忠诚能够激励家族成员为家族企业做出更多或更高水平的承诺。同时,随着市场竞争程度的日益加深和不确定性的增加,企业主本身所具有的人力资本、社会资本及在信息获取方面的局限性,使得企业的发展遇到瓶颈。而外部劳动力市场的无效率使得企业主很难获得守信的、忠诚的经理人。如果此时将企业一定的决策权交给那些更具有信息收集和判断能力的家族代理人，就将产生更好的决策，而更好的决策又会让资源更好地被使用，从而提高企业经营的效率。当然，仅仅具有剩余索取权的企业主将变成"被动的企业家"，只有掌握控制权的企业主才能发挥"积极的"或"主动的"企业家功能。（张维迎，1996）家族代理人只有在配置了相应的权力的基础上，才能通过组织中的正式职位来发挥自身所具有的各种人力资本、社会资本的功效，将自身所具有的人力资本和社会资本等与家族企业融合在一起，持续地进行专有性投资，这些专有性资本转化为组织能力后，将成为稀缺性的、不可模仿的竞争资源，帮助家族企业开发新的机会、抵御威胁和获取经济利润并带来价值增值（Barney，1991；Peteraf，2003）。

其次，在引入要素所有者的过程中，由于创始人在长期的经营过程中逐渐对企业产生了强烈的情感依附，他们不会轻易地放弃对企业的控制而离开企业。（Flamholtz，1990；Rubenson，1989）如果控制者从公司的控制权中攫取了私人利益，那么要素所有者作为既得利益者必须开始改变公司的治理模式，以获得弥补他们私人损失的补偿。对家族企业的研究表明，当家族企业由创业家族所有和管理时，整个家族对企业的依附感最为强烈。而当企业传给下一代时，这种依附感逐渐变弱。（Mishra et al.，1999；Chua et al.，1999，2003；Schulze et al.，2003）因此，保持家族制的效率不仅体现在节约重构成本的维度上，对于家族企业而言，还体现在企业的建立凝聚了家族成员共同努力的心血上。在家族成员进入企业工作并为了企业更好的发展而共同打拼时，家族成员之间便建立了一种特殊的家族认同感。

最后，家族认同不仅体现在企业资源的配置与引进的过程中，也体现在后续长期的合约执行过程中，即通过非正式的关系以约束或激励要素所有者的行为。即使对于那些没有任何关系的资源供给者的加入，家族成员也同样会采取类似家族制度的方法将其家族化（何轩等，2008），形成特殊的家族角色感，且家族的角色感越强，企业越可能努力保护其社会情感财富。因此在创业家族控制和管理阶段，放弃家族控制的意愿最低；在非创业家族而是后代家族所有和控制的阶段，这种意愿居中；放弃家族控制的意愿最高值出现在由创业家族后代所有、职业经理人管理的阶段。(Gomez-Mejia，2007)家族认同表明了家族成员的关键目标，即要求家族对企业进行持续控制。近期研究表明，人与人之间的信任及内部语言和沟通方式的存在对绩效会产生积极的影响。(Bolino et al，2002)

　　费孝通(1985)在《乡土中国》一书中指出，社会结构和人际关系呈现出差序格局，并以家族企业的创始人或企业主为中心点，布出一个以亲缘关系为基础的、由近及远的同心圆网络结构，同时，也指出家族企业经常出现"亲缘至上"的现象，家族成员之间会形成相互照顾的风气和习惯。(Simon，1993；Eshel et al.，1998)以这个为基础，家族认同感在一定程度上决定了网络结构的效用。企业的家族认同感越强，其网络结构中家族成员之间的凝聚力就越强，家族成员的关系就越亲密，家族内部就越和谐，家族成员就更愿意围绕在以创始人或企业主为中心的家族之中。在家族权力和财富有效的条件下，家族认同感越强，企业在发展过程中就越愿意不断地强化家族力量，并且企业会产生一种长期控制的原则来配置管理权。企业之所以成为家族企业是因为其行为的特殊性，也就是一种家族认同感，它体现了家族企业主强烈的情感意愿，主要表现为家族对企业的管理、控制和继任意图，失去了这种社会情感财富就意味着亲密感的缺失，地位的降低，以及对家族成员期望的无法满足。此外，家族认同感还表现在家族企业主通过自身控制的优势联盟去塑造和维持家族利益，维持家族对企业的长期控制(Litz，1995)，强烈的家族认同感还会促使家族成员在潜意识里希望将企业稳定在家族成员手中，由家族成员管理、控制企业，并实现永续经营。当家族企业的经营状况好转之后，家族认同的作用会更突出，家族控制意图会更加强烈。(Hoy et al.，1994；Chrisman et al.，2004)家族在管理权的配置上，可能会依照关系的差序格局，将管理权按照亲缘关系的远近来进行配置，越是重要和关键的管理岗位，越是会选择企业主亲近的家族代理人来担任。当然，这样的做法从效率上看可能并不是有效的，毕竟企业重要的经营管理权的配置还是需要以能力为标准的。基于家族认同的家族权力配置，要实现对家族资源的控制也需要考虑家族代理人经营能力的高低。根据家族代理人经营能力的高低，将管理权配置给经营能力高的家族成员，可以有效地抵制来自职业经理人和外部利益相关者的对家族控制地位的威胁。比如，将管理权配置给经营能力高的家族成员,能更好地控制家族资产,使其免遭非家族成员的偷窃和掏空(苏启林等,2003);还可以防范经营过程中的一些失控问题,包括财务信息泄露或经理政变,尤其是在缺乏有效的经理人市场,无法保证家族企业吸纳到忠诚且守信的外部职业经理人的情况下,效果更好。因此,基于家族认同不断地纳入经营能力较高的家族代理人,对于家族意图的实现、维持家族控制是最优的选择。

家族认同保证家族目标的实现。家族企业的企业主可能出于非经济性的目的将家族权力配置给不同身份的家族内部成员。作为一个社会组织,家族存在的目的是满足其成员发展的需求,家族企业的企业主承担着为家族成员谋求利益的责任,允许家族成员持有企业的股权,以及直接参与企业的管理,或者通过其他的途径参与到企业运作中来,这是基于对家族成员利益的考虑,企业主通过家族企业这样一个载体培养家族成员,并提高整个家族的福利水平,这些都是家族认同的结果。由此,提出如下假设:

H4a:家族认同对市场环境与企业家族化演变之间的关系起到调节作用,即在家族认同水平高的情况下,市场环境的改善对企业的去家族化的作用将减弱。

(2)企业认同的调节作用

企业认同的概念起源于社会认同理论(Abrams et al.,2001;Van et al.,2003),是指个体对组织成员感、归属感的认知过程,它体现了个人与组织在价值观上的一致性(Ashforth et al.,1989)。Pratt(1998)注意到当个体相信他/她的组织成为自我参照或者自定义时(Self-Referential or Self-Defining),他/她就会产生深层次的精神满足感。当一个雇员的自我认知和他的企业身份紧紧相连时,这名雇员就会从这个企业的成员资格中产生大量的非经济性效用(Ashforth et al.,1989,1996;Schneider et al.,1995)。用企业成员的身份来定义自我,是个体感知到的和组织的同一性。Pratt(1998)认为,企业认同的产生有两个基本的动机:一是自我归类的需要,从而界定"个体在社会中的地位"(Tajfel,1981);二是自我提升的需要,希望作为组织成员能够得到回报(Smidts et al.,2001)。

王彦斌(2005)借鉴阿尔德福关于人的需要的划分逻辑,将企业认同分为生存性组织认同、归属性组织认同和成功性组织认同三个维度。生存性组织认同是组织成员觉得自己的生存必须依赖组织所提供的物质支持的组织认同心理;归属性组织认同是组织成员谋求具有组织成员资格的组织认同心理;成功性组织认同是组织成员力图通过组织生活来谋求自我增强和自我发展,在组织中看到自己的发展目标和价值观与组织具有一致性的组织认同心理。当从内部确定组织正式制度变化的来源时,Cyert et al.(1963),March et al.(1976)和Pfeffer(1981)的研究给了笔者启示,他们的研究指出,组织内部对正式制度变化的需要是由内部缺乏共识或者产生冲突的程度来决定的。

笔者通过上述研究发现,企业认同对组织和个人能够产生非常积极的影响,它与个人绩效、组织公民行为、工作意义、归属感、工作态度和对工作环境的感知呈正相关,与员工离职呈负相关。(Bhattacharya et al.,2002;Kreiner et al.,2004;Mael et al.,1995;Van et al.,2000;Ashforth,2001)企业认同对员工的工作态度和工作行为有重要影响,Riketta通过元分析指出,企业认同与工作满意度、角色内和角色外行为、工作涉入度、离职意向存在关联情感和价值观上的认同。而企业认同对家族企业治理结构演变过程的调节作用主要体现在以下几方面:

第一,企业认同有利于缩小家族企业的权力距离。权力距离是指组织和机构中具有更小权力的成员接受权力分配不公的程度。在那些高权力距离文化中,拥有较小权力的成员依赖于高权力成员,因此高权力成员拥有特权,阶级和阶层在这种文化中是可接受的;在低权力距离文化中,不平等最小化了,地位和阶级象征被模糊化。家族企业不同于非家族企业的一个典型特征即家族权威,家族权威的产生使家族企业的发展更倾向于依赖一个威严的上级或长者,笔者认为企业的命运是"权威"领导的结果。当成员加入家族企业一段时间以后,企业会对他们进行培训、评估,设法通过各种干预或者提供诱因,促进他们进行企业战略、企业发展前景方面的沟通,使他们对家族企业的结构、权力和产品等方面的理解越来越统一。这有益于形成一种共享的价值观,促进企业的发展,从而使他们对家族权威的认知更加丰富和全面,有效地缩小企业内部的权力距离,让企业朝着更为社会化的方向演变。

第二,员工的企业认同感有利于培养企业的典型成员或典型特征。通过企业认同的建立,个体感知到他是这个群体的实际或典型的成员,感知到他与企业的命运紧密相连。根据社会交换理论,特别是互惠规范可知,当一个人将企业的成败与个人事业的成败紧密联系在一起(Mael et al.,1992)时,他不会伤害能带给他利益的伙伴(Gouldner,1960),员工对企业认同的程度越深,越会愿意帮助他人,并对组织事务发表建议。这个过程对于组织而言,就是组织社会化的过程,即在社会交往和互动中解决家族企业过于家族封闭这一问题。

第三,企业认同的建立,实际上就是组织社会化的过程。在一个组织中,新进员工为了适应特定的组织角色,需要不断地学习,这一内容和经历促使员工由外部人变为内部人,这样能够给员工一种身份认同感。企业认同使群体合作行为在缺乏人际交往基础的情况下成为可能的认知机制,帮助家族企业建立超越个人信任和情感的合作关系,使其突破社会信任约束的瓶颈,有效吸纳社会资源,并且一旦经由社会化的手段而合理化与习惯化,还可避免或减少家族内部的冲突。企业认同还有利于企业去除排外心理,更好地朝着社会化的方向发展。

第四,个人会在自我概念与组织身份的比照中整合两者而实现组织认同。这个时候,个人倾向于把自己和所属的组织交织在一起,优点和缺点、成功和失败都是共同分享的,是命运共同体。对企业认同的研究表明,企业认同感越强,成员越容易把企业看成个人的延伸,越容易遵守组织规定,个人的利益越有可能与组织的利益一致,从而激发个人完成企业目标。在对组织认知和识别的基础上,企业成员逐渐形成对"共有的企业身份"的清晰认同。Ashforth et al.(1992)也认为,企业认同是一种对企业产生的归属感或共同感,是企业成员认为的自己的特征与组织特征相一致的程度,产生于企业被个人在心理上接受作为自己的一部分时。认知上(如感受到自己是企业的一部分,内化企业的价值观)或情感上(如因企业成员身份而骄傲)的认同,可以增强员工对企业的情感,调动其资源投入的积极性,充分激励其最大限度地投入自己所掌握的资源,这有利于实现家族企业资源的丰富性。并且由于具有企业认同感的企业成员大多具有不同的背景及工作经验,他们在企业内共同为企业打拼,有助于实现企业资源的互补性,构建更大范围的组织社会网络,在我国对民营企业缺乏较强支持的新兴经济制度背景下,这种组织社会网络可以更好地突破

正式制度下的诸多制约,帮助企业获取各种竞争性战略资源。(Peng,2003)

第五,正是成员对企业的认同,而不是其他的东西赋予了组织强大的力量,以协调众多成员的行为,完成企业目标。对于内部关系错综复杂的家族企业而言更是如此。因此,企业能够促使员工建立对组织的信任,从而引发员工的依恋和承诺。企业身份感由个体基于社会属类的自我认知所构成,这个社会属类主要是个人对自我归属感的认知。(Tajfel,1982;Tajfel et al.,1986)由此,本书认为,企业认同很可能更加有利于提升制度环境的改善对企业去家族化的作用。因此,提出假设:

H4b:企业认同对市场环境与企业家族化演变之间的关系起到调节作用,即在企业认同水平高的情况下,市场环境的改善对企业去家族化的作用将增强。

本书的研究模型如图 3-1 所示。

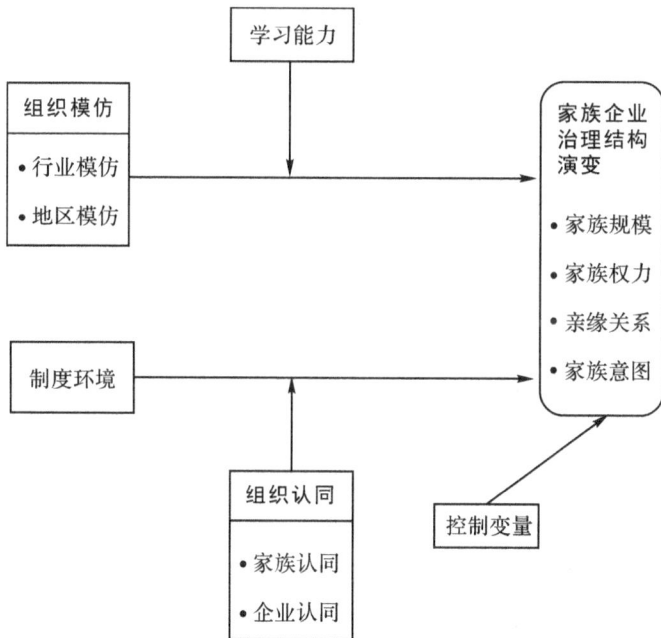

图 3-1 本书研究模型

第4章 研究设计与关键变量的测量

4.1 样本选择

本书以我国家族上市公司为研究对象,根据文献综述对之前的研究进行梳理,并结合苏启林等(2003)、贺小刚等(2009)、连燕玲(2011)的研究,以最终控制人为界定标准选择样本数据。根据 CSMAR 数据库、CCER 数据库,获取了"实际控制人名称"和"实际控制人类型"两个指标,选择其中的最终实际控制人能追踪到自然人或家族,且其直接或间接持有的公司是被投资上市公司第一大股东的企业为样本,再将外资、集体、社会团体或者职工持股会、工会控制的企业排除在外,从而构成了本书的数据对象。由于中国上市公司自 2001 年才被要求在年报中披露控股股东和最终实际控制人的详细情况,此前的数据和资料难以收集,且难以保证数据质量,本书以 2001 年为起始年份,持续到 2007 年。在删除数据和信息缺失过多的企业样本之后,最终得到 201 家家族企业的非平衡面板数据,共计1 127个样本值。

本书以家族企业的治理结构演变为分析对象,根据前文对结构演变的分析可知,需要收集数据的对象包括在家族企业中任职的家族成员、拥有企业股份的家族成员,以及家族企业的高管层。具体来说,需要收集的数据有与企业的实际控制人有亲缘关系的家族成员在家族企业中的任职情况(包括担任企业管理者的家族成员人数、具体担任的职务、所掌握的控制权和管理权),家族成员在企业中的持股情况(包括持有企业股份的家族成员人数、家族成员的持股数量),家族成员的个体特征(包括教育水平、工作经验、性别、年龄),家族企业的高层管理团队情况(包括人数、与家族实际控制人是否存在亲缘关系、在企业的任职情况），以及企业经营绩效和背景资料（包括企业所处行业、企业规模、企业寿命等）。这些数据的获取途径与来源情况如下：

家族成员个体特征信息。数据来源于上市公司年度报告"董事、监事和高级管理人员基本情况"中的个人简历信息板块，由笔者手工摘录整理所得，年报中缺失的信息则是通过 CCER 和 CSMAR 数据库中的"中国民营上市公司数据库"板块来进行弥补。

存在亲缘关系的家族成员信息。在上市公司年度报告"前 10 名股东持股情况"的"股东关联关系或一致行动说明"及"本公司与实际控制人之间的产权及控制关系方框图"中，披露了公司主要控制人之间的关系，上市公司首次发行的上市公告书和招股说明书中也对此有所披露。而对于未在年报、上市公告书和招股说明书中揭示亲缘关系的，则主要是以实际控制人为基准（上市公司的年度报告和 CSMAR 数据库对企业的实际控制人均有所披露），对出现在年度报告"董事、监事和高级管理人员基本情况"板块中的所有成员，通过 Baidu，Google 等搜索引擎及公司网站等渠道收集信息，逐个判断这些成员与实际控制人之间是否存在亲缘关系。

家族成员在企业中的持股情况。对于 2001—2003 年家族成员的持股数据主要通过上市公司年度报告中的"股东情况""公司控股股东情况"所披露的信息，还原出当时该上市公司的控股股东和最终实际控制人，确定企业的产权控制关系，进而确定家族成员的持股情况；对于 2004—2007 年的数据，则直接根据年报中的"本公司与实际控制人之间的产权及控制关系方框图"确定。

企业背景资料。该类数据主要通过 CCER 和 CSMAR 数据库收集，缺失的数据通过上市公司年度报告、新浪股票网、金融界等渠道进行弥补，并进行交互检查印证，以确保企业背景资料数据的准确性。

4.2　样本数据分析

本书从企业层面对样本所处的行业、地区、寿命和规模进行统计，结果见表 4-1。

表 4-1　样本企业特征分析

特征＼年份	2001	2002	2003	2004	2005	2006	2007	合计	比例①
行　业									
农林牧渔业	7	7	8	9	7	6	6	50	4.44％
采掘业	2	1	2	2	2	2	2	13	1.15％
制造业	69	77	87	110	108	94	93	638	56.61％
建筑业	1	2	3	4	4	3	3	20	1.77％
交通运输业	0	0	0	1	1	1	1	4	0.35％
信息技术业	14	16	19	19	18	15	16	117	10.38％
批发零售业	6	7	7	8	8	6	5	47	4.17％
房地产业	15	16	17	18	18	13	13	110	9.76％
社会服务业	2	2	2	2	2	2	2	14	1.24％
传播与文化业	1	1	1	1	1	1	1	7	0.62％
综　合	16	16	17	16	14	14	14	107	9.49％
地　区									
东北地区	16	16	17	16	13	9	11	98	8.70％
东南地区	59	69	81	103	102	88	86	588	52.17％
环渤海地区	7	7	8	11	11	11	10	65	5.77％
中部地区	13	13	16	17	15	14	13	101	8.96％
西北地区	17	17	18	18	18	15	16	119	10.56％
西南地区	21	23	23	25	24	20	20	156	13.84％
寿　命									
小于或等于 8 年	78	93	106	113	117	108	129	744	66.02％
大于 8 年	55	52	57	77	66	49	27	383	33.98％
规　模									
资产大于 1 000 万小于等于 1 亿元	1	2	4	4	4	2	3	20	1.77％
资产大于 1 亿小于等于 10 亿元	74	70	67	85	76	65	50	487	43.21％

①　表 4-1 中的比例部分大多为约数，因此会存在一定的误差。

续　表

特　征　　年份	2001	2002	2003	2004	2005	2006	2007	合计	比例
资产大于 10 亿 小于等于 100 亿元	58	73	92	98	102	89	99	611	54.21%
资产大于 100 亿元	0	0	0	3	1	1	4	9	0.80%

注:样本数量为 1 127 家。

　　从行业的分布上来说,依据证监会行业分类标准,总体而言,本书的数据样本中制造业的比例最高,占到总样本数量的 50% 以上;第二为信息技术业,占总样本数量的 10% 以上;第三为房地产业,占到总样本数量的 9.76%;其他行业的占比依次为综合(9.49%)、农林牧渔业(4.44%)、批发零售业(4.17%)、建筑业(1.77%)、社会服务业(1.24%)、采掘业(1.15%)、传播与文化业(0.62%)和交通运输业(0.35%)。

　　从地区的分布上来说,本书依据世界银行(2006)对中国地区(不包括港澳台)的分类标准,将样本按照所在区域划分为六个地区,分别为东北地区(包括黑龙江、吉林、辽宁)、东南地区(包括江苏、上海、浙江、福建和广东)、环渤海地区(包括山东、北京、天津和河北)、中部地区(包括安徽、河南、湖北、湖南和江西)、西北地区(包括山西、陕西、内蒙古、宁夏、青海、甘肃和新疆)和西南地区(包括云南、贵州、广西、四川、重庆和海南)。西藏并未进入该分类体系,本书基于地区的投资环境、政府治理效率和区位特征,将西藏地区的家族企业放入“西北地区”中。从地区标准上来看,本书的样本家族企业分布在东南地区的比例最高,占到总企业数量的 52.17%,这在一定程度上反映了江苏、上海、浙江、福建和广东地区拥有相对较好的家族企业生存环境。其后分别是西南地区(13.84%)、西北地区(10.56%)、中部地区(8.96%)、东北地区(8.70%)和环渤海地区(5.77%)。当然,必须指出的是,本书的家族企业样本仅代表家族上市公司的一个部分。

　　从家族企业的寿命来看,依据前文的企业生命周期的研究成果,新创企业是指那些处于青年期和青年期之前的企业,在这一时期,企业主在不断摸索的过程中发挥其职能,使企业的各项管理活动逐步走上正轨,但这一时期将持续多久,理论上尚没有一致的看法,比如,有学者认为,在考虑到行业、资源和战略因素后,一般情况下可以将此期限界定为 3~4 年,也

可以根据具体情况延长到 8～12 年（Chrisman et al.，1998）；Brush
（1998）则认为，6 年或 6 年之内更为恰当。目前，大多文献将新兴企业定
义为成立时间小于或等于 8 年的企业（Biggadike，1979；Boeker，1989；
McCann，1991；McDougall et al.，1994），一些实证研究也越来越多地采
用这一标准（Li et al.，2001）。本书样本中有 66.02％的家族企业存续期
小于或等于 8 年，因此从时间维度上看它们尚属于新创企业；33.98％的
样本企业存续期超过 8 年，属于成熟企业。

从企业的规模上看，依据总资产进行分类，绝大多数家族企业的总资
产在 1 亿～100 亿元之间，仅有 0.80％的样本企业资产超过 100 亿元，也
仅有 1.77％的样本企业资产低于 1 亿元。

4.3 变量的界定和测量

根据所研究的问题，本书的变量测量涉及了三大部分。①自变量，主
要包括两个方面：第一，组织模仿，具体包括行业模仿（IND_IMI）和地区
模仿（REG_IMI）两个变量；第二，制度环境（MA）变量。②因变量，家族企
业的治理结构演变，主要包括家族成员规模（FAM_SIZE）、家族权力（FAM_
POW）、家族亲缘关系（FAM_KIN）和家族意图（FAM_INT）。③调节变
量，用以分析学习能力（LA）与组织认同［（家族认同）（FI）、企业认同
（CI）］在组织模仿、制度环境对家族企业的治理结构演变的影响关系中的
调节作用。

4.3.1 自变量度量

（1）组织模仿

组织模仿这一变量主要从行业模仿和地区模仿两个维度来测量。

①行业模仿。

Carroll et al.（1989）认为，当某一组织形式达到了被广为接受的程
度，并被相关行动者当作为了实现某种目标的"自然方式"时，组织密度就
可以当作该组织形式的认知地位的指标，组织密度意味着这种组织形式
的被采纳比例。在后期，采纳这种组织形式的家族比例越大，迫使其他企
业采纳这一形式的制度环境压力也随之越来越大，对企业制度演变的影

响也更明显,因此本书以一个行业中上市家族企业占总上市公司数量的比例作为行业模仿(IND_IMI)的测量指标。在行业的分类和选择上,借鉴以往学者的研究,以证监会的行业分类标准为依据进行划分,并统计出每一个行业中的上市家族企业占总上市公司数量的比例。

②地区模仿。

一个制度被广为接受,成为社会事实后就会转化为一种重要的制度力量,迫使其他组织采纳并接受。具体来说,从制度演变的过程来看,当越来越多的企业采纳了家族化制度时,这一制度就成为被广为接受的组织形式,同时会形成一种观念的力量。而在地区的划分上,本书选择以"省份"为标准进行分类。之所以以省份为依据,是因为在中国省一级行政区域的划分上综合考虑了区位特征和环境的相似性。因此,地区模仿(REG_IMI)采用一个省份中上市家族企业占总上市公司数量的比例来测量。

(2)制度环境

有关企业所处的外部制度环境(MA)的测度,大多数研究都是采用樊纲等(2009)的中国市场化指数这一指标。李科等(2009)在中国市场化指数的基础上,依据市场化程度的差异将其划分为高制度环境和低制度环境两种类型,将市场化程度位于前11位的地区定义为公司治理的外部环境较好(D=1)的地区,而将其余的地区定义为公司治理的外部环境较差(D=0)的地区。也有学者根据市场化指数将2001—2006年市场化程度一直位于前8位的地区定义为公司治理的外部环境较好的地区,而将其余的地区定义为公司治理的外部环境较差的地区。可见,对以市场化指数的大小进行分组测试的方法,存在着标准不一的问题,很难选择一个较为权威且可信的做法,因此本书在测度制度环境时,并不是简单地将制度环境划分为高制度环境和低制度环境两类,而是借鉴孙铮等(2005)、夏立军等(2005)、刘凤委等(2007)的研究,采用樊纲等(2009)的中国市场化指数的原始值来测度家族企业的市场化程度。在之后的稳健性分析中,本书则进一步补充对制度环境的测度,若公司所在省份市场化指数高于(低于)平均数,就将其定义为高(低)制度环境地区,若企业所在省份的市场化指数低于市场化指数的平均值,就设为1,否则为0。

4.3.2 因变量度量

在家族企业发展的过程中,治理结构不断地发生变化,在这一变化的过程中,家族成员的参与和控制起着重要的作用。家族化不仅体现在企业的所有权由家族控制,也体现在企业的发展受到家族价值观的影响,这种家族价值观影响的家族化具体表现在企业的组织和管理的各个方面,既包括所有权、控制权和管理权的配置,也包括企业的用人结构。结合现有的文献,本书从四个维度综合测度家族企业的治理结构演变过程。

第一个维度是家族成员规模(FAM_SIZE),主要是通过每年企业内家族成员数量的变化来体现的。当然,在企业中家族成员数量的增加,实际上需要通过具体的职位来反映。在处于过渡期的家族企业中,关系治理仍可能在公司治理中发挥作用,因此,基于血缘关系的家族成员会在董事会中占据公司决策高层职位。根据 Au et al.(2000)及 Young et al.(2001)的研究,相对于西方的董事会,中国董事会中的资源依赖现象更严重。中国的文化趋势是一种关系导向,即要通过关系来办事;同时,在制度转型时,也要由制度的强制性来激发网络联盟(Peng,2003)。随着企业的转型,两种不同的治理机制发挥作用,会有家族成员董事退出和非家族成员董事进入,那哪些家族成员会担任公司董事? 董事会规模会发生怎样的变化? 家族成员进入或退出企业,具体体现在对企业董事会职位、高管层职位或股东身份的掌握或放弃的变化上。因此,在假设验证的稳健性检验部分,本书把家族成员规模的变化,又进一步细分为参与家族企业管理的家族成员数量的变化(N_MAN)、掌握控制权的家族成员数量的变化(N_CON)、家族股东数量的变化(N_SHA)三个方面。在具体的测度上,本书主要通过将相应指标的当年人数减去上一年人数,得到家族成员规模的变化、家族管理者数量的变化、家族控制者数量的变化和家族股东人数的变化的值。

第二个维度是家族权力(FAM_POW)。在考虑家族成员所掌握的企业权力时,不仅要考虑家族成员掌握企业权力的人数,而且要考虑家族成员所具体掌握的企业权力。Astrachan et al.(2002)的研究表明,家族权力主要是家族成员通过所有权、控制权和管理权对家族企业产生影响的。家族所有权的改变主要是通过统计家族成员所掌握的企业所有权数量的变化来统计的。而家族控制权和管理权的变化,需要通过计算家族成员在董事会席位和高管层席位中的变化情况得知,这就需要对企业董事会和高管层的各个职位进行赋值计算。在这部分的计算上,本书借鉴贺小刚等对企业职位赋值研究的成果,通过统计每一年家族成员的具体任职,对比分析每年的变化情况,然后再统计出家族成员对企业控制权和管理权的改变情况。在本书的分析中,首先综合考虑了家族企业内家族所掌握的所有权的变化(P_SHA)、控制权的变化(P_CON)和管理权的变化(P_MAN)情况,采取的方法是对上述三种权力的变化进行无量纲处理后加总,即对所有权、控制权和管理权的变化值进行标准化处理后再加总,得到家族权力的变化值。最后的稳健性检验部分,再进一步分析这三种权力的各自变化情况。

第三个维度是家族亲缘关系(FAM_KIN)。Ensley et al.(2005)的研究表明,家族企业的高层管理团队中是否有企业主的直系亲属(企业主的父母、配偶及子女),是考量家族企业家族化水平的重要维度。他们对家族化水平的衡量,更多的是一种定性的而非定量的衡量。但是,他们的研究思路给了本书很好的研究启示。以企业主为核心,可以对家族成员的关系进行由亲到疏的排列,企业主的父母、配偶、子女等属于亲缘关系较近的家族成员;相对应的是与企业主亲缘关系较远的一些家族成员,如企业主的兄弟姐妹、表亲、创业伙伴等。连燕玲等(2011)发现,家族企业主倾向于将所有权配置给以企业主为中心的核心家庭成员,即与企业主亲缘关系较近的家族成员。因此,家族治理结构的演变过程,实际上就涉及了在权力重新配置过程中家族亲缘关系的变化情况。故此,本书将亲缘关系的变化也纳入治理结构演变的内涵之中。这也是对以往研究的一个深入和创新。本书借鉴贺小刚等(2009)等学者的做法,首先将家族亲缘关系基于亲疏程度划分为六类,分别赋值为1,2,3,4,5,6,数值越大,表示家族成员与企业主的关系越亲近;其次对企业中每年家族成员的亲缘关系情况进行统计,然后将当年的企业内家族成员亲缘关系情况与上一年的情况进行比对,得到家族亲缘关系的变化值。

第四个维度是家族意图(FAM_INT)。大部分研究者基本认同家族企业的区别源于家族涉入程度的差异。(Miller et al.,1967)大多数研究者将家族涉入理解为家族成员对企业所有权和管理权的掌握。

(Handler，1989)Churchill et al.(1987)将是否存在家族继任者也列入了家族涉入的范畴之中。如上所述,家族企业主通过自身控制的优势联盟去塑造和追求家族意图,维持家族对企业的长期控制。(Litz,1995)在此,家族意图是理解治理结构演变过程的一个重要因素。因此,本书以虚拟值变量来度量家族意图,当创始人离任且将企业权力移交给家族近亲成员时,FAM_INT 值为 1,否则为 0。

4.3.3 调节变量度量

(1)学习能力

家族作为一个无机组织本身是不会学习的,因此家族企业的学习能力实际上取决于企业内部的个人或者群体,当然,家族企业的学习能力也不等同于将企业内每个个体集中起来进行学习的能力,而是一种将企业内个体学习行为进行聚化并整合为群体经验的能力。学习能力反映了管理者产生具有影响力的思想,并将之传播扩散的能力。因此,从学习能力的结构来说,需要考虑其载体。既然学习能力的内涵包括了企业内部管理者将其影响力进行传播扩散的能力,就意味着企业内部管理者必须具有影响力。因此,本书将家族企业学习能力的载体确定为企业的高层管理团队(TMT),从管理者具有传播扩散能力,且只有产生和传播的思想具有影响力才能构成学习能力的角度来看,也印证了以家族企业的高层管理团队为对象计算企业的学习能力具有较好的可信性。

Slater et al.(1995)认为,学习能力是组织内部获取、转化、整合直至创建知识的能力。Fiol et al.(1985)认为,学习能力是组织在过去经验与活动基础上开发或者发展相应能力和知识,并将这些能力和知识应用在此后的行动中的能力。综上所述,企业高层管理团队通过此前的教育经验能够产生获取知识、转化知识、整合知识及创造知识的能力,教育背景不仅能作用于自身,而且能通过与他人的交互作用影响他人。

综上所述,本书通过上市公司企业年报,对年报中的"董事、监事、高级管理人员基本情况"和"现任董事、监事、高级管理人员主要工作经历及在除股东单位外的其他单位任职或兼职情况"部分的内容进行整理,并结合新浪网(www.sina.com)补充家族企业高管的简历。在对以上信息源中的家族企业高管学历进行补充和验证时,其中学历由高管平均受教育年限来测度,再以每个家族企业作为统计对象,得到关于学习能力(LA)的指标。

(2)组织认同

组织认同,主要是以家族认同和企业认同两个变量来测量。

①家族认同。

家族认同(FI)这一变量主要通过两个维度来进行测量:

第一是家族企业的创始人是否在任。之所以认为创始人在任会影响家族成员的家族认同,是因为企业创始人与受聘的高层管理者在管理行为及效率方面存在显著的差异:创始人往往更倾向于寻求股东收益最大化的战略,而不会像受聘的管理者那样采取一种只顾及短期利益的决策行为(Fahlenbrach,2009);创始人往往比受聘的管理者更加努力,但创始人对薪酬支付的敏感性明显更低(Palia et al.,2002);相对于受聘的管理者,创始人会更加关注公司的声誉,倾注更多的心血,为此也自然会积极地进行专有性投资,并且这种专有性投资并非像受聘的管理者那样为了其自身利益而进行(Leone,2008);创始人也往往更具有承担风险的意愿和对成功的高度需求(Begley,1995;Chandler et al.,1992)。创始人的独特禀性使得他们在企业价值创造过程中起到非常重要且难以替代的作用。(Kelly et al.,2000;Adams et al.,2005;Adams et al.,2009;Begley,1995;Palia et al.,2002;Palia et al.,2008;Villalonga et al.,2006)对家族企业的研究表明,当家族企业由创始人所有和管理时,整个家族对企业的依附感最为强烈;而当企业传给下一代时,这种依附感逐渐变弱。(Mishra et al.,1999;Chua et al.,1999,2003;Schulze et al.,2003)在企业的变革时期,创始人CEOs比非创始人CEOs更有能力领导公司,因为他们的创始人身份可以减少公司内部的冲突和"政治战争"。(Tyler et al.,1996;Brockner et al.,1997)Nelson(2003)发现,创始人CEOs和非创始人CEOs的公司在首次公开募股(IPO,Initial Public Offering)时期的管理活动及所有权控制方面存在不同;投资者对处于创业期的创始人领导的公司的评价是积极的。说明这一部分的目的就是给出创始人在公司创建前后的角色的定义,并且将创始人放到运行的组织中考虑,这有力地支持了创始人对公司是有持续影响的假设。随着家族企业经营管理权向下一代传承,上一代家长的权威也同时赋予了下一代接班人,但与上一代家长相比,下一代接班人的绝对权威往往有所降低,这也是家族企业在第二代或第三代出现冲突和矛盾的根源所在。这些研究结论表明,家族企业内成员之间的认同感,在很大程度上取决于创始人是否在任。

第二是家族成员与企业主的亲缘关系。这里的家族成员,既包括在企业高管层中任职的家族成员,也包括企业的家族股东。将家族成员与企业主的亲缘关系纳入家族认同的框架,主要是因为许倬云(1988)和黄曬莉(1999)的研究表明,华人社会运作的重心就是家族,家族是以亲缘关系作为基础的社会结构,这种社会结构呈现出一种差序格局的特点(费孝通,1985),家族企业以企业主为核心,按照亲缘关系构建了一个由近及远、由亲及疏的同心圆结构,这个结构中处于不同位置的家族成员之间的亲密感会存在差异,关系越亲密的个体之间会产生出越强烈的利他行为倾向,使得家族成员从心理上产生必须关心其他家族成员的责任感,从而会形成相互照顾的风气和习惯(Simon,1993)。亲密感会随着与同心圆点距离的加大而急剧下降(杨春学,2001);不同亲缘关系的家族成员的利他主义也存在差异性。在家族财富和利益一定的条件下,与家族企业的企业主关系越远的家族成员所能得到的照顾越少,受到其他家族成员的福利关怀也越少;所能分享的信息和财富越少,家族认同感也就越低。因此,本书借鉴贺小刚等(2009)学者的做法,将家族亲缘关系基于亲疏程度分别赋值,从 1 至 6,数值越大,表示家族成员与企业主的关系越亲近。

在此基础上,本书对家族认同的测度,借鉴 Datta et al.(2003)、Zhang et al.(2009)的方法,通过无量纲操作,综合考虑两个维度对家族认同的作用,将其整合成一个家族认同因子。

②企业认同。

企业认同(CI)作为一个不可观察的变量,是非常难以直接测量的。(Ford et al.,1994;Bigras et al.,1984,1985;Sumner et al.,1987;Bailey et al.,1989;Mykrantz et al,1990)如果想获得第一手资料,则可以通过设计相应的问卷来进行调查,如 Mael et al.(1992)开发的组织认同量表就包括"当有人批评我们的组织时,我感觉就像是自己受到了侮辱""我非常关心别人如何看待我们的组织"等维度。然而,如果是采用二手数据,尤其是基于上市公司二手数据进行研究,就很难对企业认同进行测度。

但是如果在家族企业组织结构演变的过程中不对企业认同的作用加以考虑，就会造成模型估计的严重偏差（Ford et al.，1994），因此本书需要选择合适的变量作为不可观测的企业认同潜变量的代理变量（Proxies Variables）。（Bigras et al.，1984，1985；Sumner et al.，1987；Stefanou et al.，1988；Bailey et al.，1989；Mykrantz et al.，1990；Kumbhakar et al.，1991；Ford et al.，1994；Demerjian et al.，2011）在代理变量的选择上，本书综合之前关于企业认同的研究，发现企业认同主要基于两个层面：第一个是基于个人层面的企业认同，包括个人需求被满足的程度、加入组织的年限、对组织的满意程度；第二个是基于组织层面的企业认同，包括组织目标被分享的程度、组织和个人的接触频率、个人和组织的从属关系等。本书选择家族企业高管的任期作为企业认同的代理变量，主要是基于以下考虑：高管任期的内涵涉及高管的工作经验，主要是家族成员在家族企业的任职年限，它反映了企业成员与家族企业的互动影响。首先，任期期限涉及了家族企业对高管的要求被满足的程度，因为如果高管的要求未得到满足，则高管会选择用脚投票的方式离开企业，反映了较低程度的企业认同；其次，任期期限也在一定程度上反映了个人对组织的满意程度；最后，任职期限也包含着企业高管与家族企业的接触频率与从属关系。综上所述，本书首先确定企业的高层管理团队；然后将年报中对高管在本企业任职经历的披露结合相关网站信息进行交互补充，对其中每个高管成员的任职期限进行统计；最后以平均任职年限作为企业认同的代理变量。

4.3.4 控制变量度量

为更好地控制其他不可观测因素对企业治理结构演变的影响，保证参数估计的一致性和有效性，根据以往的文献（如 Schulze et al.，2003；Villalonga et al.，2006；贺小刚等，2009；贺小刚等，2011），得到本书涉及的控制变量如下：①企业规模（SIZE），定义为期末资产总值的自然对数。企业规模与企业资源的获取和积累存在紧密关系，会影响到企业创新和最终的企业价值。（Zahra，2003；贺小刚等，2009）②企业寿命（LIFE），定义为从企业成立年到统计当年的年限，主要考虑到企业的生存时间可能会由于自我选择性的偏差而影响到价值。（Schulze et al.，

2003)③独立董事所占比例(INDENP),定义为独立董事人数与企业员工总数之比,之所以控制此变量是因为独立董事对企业绩效具有显著的影响。(Baysinger et al.,1985;Brickley et al.,1994;王跃堂等,2006)④资产负债率(DEBT),定义为总负债与总资产的比例,因为企业的资产负债率会影响到家族上市公司的价值创造。(Villalonga et al.,2006;贺小刚等,2009)⑤董事长与总经理是否兼任(DIRECEO)。当家族企业的董事长和总经理由同一人担任时,该变量赋值为1,否则为0,这种权力在一人身上的高度集中,会对企业的权力结构演变产生影响。⑥是否采用金字塔结构(PYR)。如果家族企业采用金字塔结构,则该变量赋值为1,否则为0。金字塔结构在一定程度上反映了家族权力,家族权力的大小本身也会对权力结构的变化产生影响。⑦家族企业董事会规模(N_DIR),定义为企业内董事会成员的人数,控制此变量的原因在于,董事会成员对企业的战略决策具有重要发言权,其行为会影响到决策程序,进而影响企业的结构变化。⑧家族企业高管层规模(N_TMT),定义为企业高层管理团队的成员数量。⑨家族企业之前的业绩值,用企业前两年的 ROA 均值(ROA_12)来计算,之所以控制这一变量,是因为企业之前的业绩值是影响企业权力结构变化的不可忽视的因素。⑩行业虚拟变量(IND)。考虑到其他未观察到的行业因素对家族企业绩效的影响,在模型中还设置了行业虚拟变量来进行控制。

第5章 数据分析与假设检验

5.1 变量的描述性统计

家族企业的组织模仿、制度环境、学习能力、家族认同和企业认同，以及家族企业的背景特征，如所处行业、规模、寿命、之前的业绩值、资产负债率、独立董事所占比例、董事会规模、高管层规模等变量，都与企业治理结构的演变存在联系。因此，为了更好地分析相关变量特征，本节对样本企业的对应变量进行相关的统计检验分析，以了解家族企业的治理结构演变过程中差异的来源。

5.1.1 基于时间的家族企业治理结构演变变量间的比较

本部分基于时间维度，对家族企业内部特征变量、治理结构变化的变量进行比较分析。

从表 5-1 中可以看出，样本企业的资产负债率从 2003 年开始呈现不断下降的趋势，而独立董事所占比例则呈上升趋势，可见家族企业的资本结构和治理水平总体上趋于合理化。家族企业的行业模仿数值和地区模仿数值也是不断增加的。就企业的学习能力而言，总体呈平稳上升趋势。同时，企业面临的制度环境也是在不断改善的。

对于因变量家族企业的治理结构演变而言，其四个大的维度如上所述，具体变化情况如图 5-1 所示。

对于家族成员规模（FAM_SIZE）维度，主要是从掌握控制权的家族成员数量的变化（N_CON）、参与家族企业管理的家族成员数量的变化（N_MAN）及家族股东数量的变化（N_SHA）来进一步分析它的变化情况,具体变化情况如图 5-2 所示。

针对家族权力(FAM_POW)维度,同样细分为三个子维度,包括家族企业内家族所掌握的控制权变化情况(P_CON)、家族所掌握的管理权变化情况(P_MAN),以及家族所掌握的所有权变化情况(P_SHA),具体变化情况如图 5-1 所示。

表 5-1　基于时间的家族企业治理结构演变的变量间的比较分析

年份 变量	2002	2003	2004	2005	2006	2007
SIZE	9.033	9.025	9.012	9.069	9.092	9.091
LIFE	10.095	9.879	9.601	10.167	10.657	10.855
DEBT	1.719	1.751	1.498	1.301	0.944	-0.330
INDENP	0.007	0.009	0.010 7	0.010	0.011	0.010
DIRECEO	0.138	0.162	0.174	0.137	0.159	0.180
PYR	0.968	0.934	0.925	0.923	0.924	0.923
N_DIR	8.964	9.180	9.042	8.818	8.690	8.544
N_TMT	5.577	5.658	5.550	5.617	5.423	5.630
ROA_12	0.005	0.003	0.007	-0.001	-0.051	-0.062
IND_IMI	0.202	0.244	0.290	0.304	0.353	0.390
REG_IMI	0.212	0.262	0.318	0.341	0.384	0.410
LA	6.135	6.144	6.153	6.832	6.224	6.323
MA	6.335	6.967	7.715	8.390	8.803	9.258
FI	2.148	2.101	2.027	3.031	3.130	3.185
CI	4.985	5.057	5.145	5.119	5.055	4.993
FAM_SIZE	-0.013	-0.110	-0.036	0.087	0.152	0.051
FAM_POW	-0.011	-0.292	-0.193	0.073	0.549	-0.086
FAM_KIN	-0.087	-0.053	0.017	-0.008	0.098	-0.016
FAM_INT	0.082	0.085	0.131	0.158	0.197	0.217
N_CON	0	-0.098	-0.047	0.098	0.127	0.057

续　表

年份 变量	2002	2003	2004	2005	2006	2007
N_MAN	0.027	−0.018	−0.036	0.054	0.089	0.025
N_SHA	−0.158	−0.300	−0.263	0.153	0.324	0.057
P_CON	−0.036	−0.006	−0.009	−0.005	0.054	−0.011
P_MAN	0.044	−0.028	−0.010	0.016	0.054	−0.012
P_SHA	0.013	−0.122	−0.078	0.065	0.159	0.032

注:表中所列数字为各变量的均值。

（1）家族企业治理结构随时间演变的趋势

从图 5-1 中曲线的走势可以发现,四条曲线虽然不是随时间的推移而单调递增的,但是从发展方向上来看,都是增长型曲线。这就是说,家族企业的家族化趋势会随着时间的推移呈现缓慢上升的趋势,即总体而言,样本企业的演变更趋向于家族化而非去家族化。

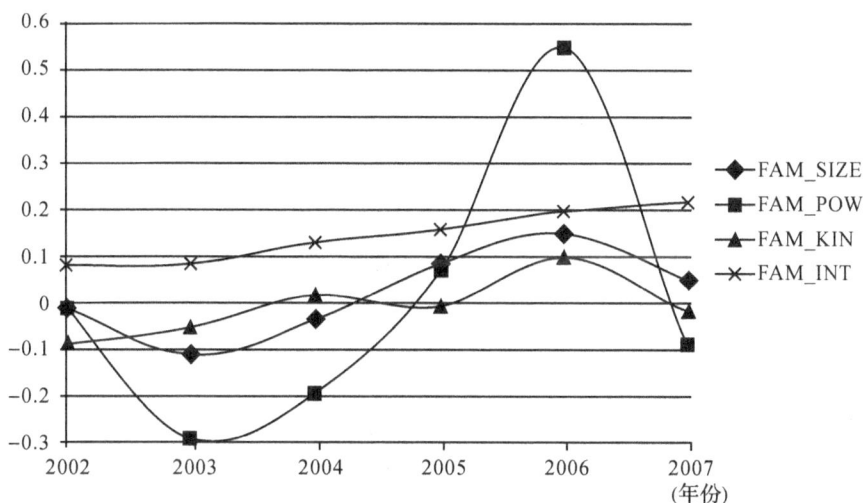

图 5-1　2002 年至 2007 年间家族企业治理结构演变图

其中,家族所掌握的企业权力的变化是较为突出的,这也就是说,随着家族企业的发展,权力在家族与非家族成员之间配置的变化情况相对较为明显,虽然从 2002 年至 2003 年,家族权力减小了,但是从 2003 年至 2006 年,家族所掌握的企业权力是明显增大的。家族意图在 2002 年至

2007 年间是不断增强的。

（2）企业内家族成员规模随时间演变的趋势数量

图 5-2 描述了 2002 年至 2007 年间掌握控制权的家族成员数量、参与家族企业管理的家族成员数量及家族股东数量的变化情况。

从三条曲线可见，变化最为明显的就是家族股东数量，这就意味着，在企业内家族成员进进出出的过程中，以家族股东数量的变化最为明显；对比而言，家族管理者数量的变化最小，这就是说，随着家族企业的发展，企业内家族管理者不会有特别显著的改变；家族控制者数量呈现上升的趋势。

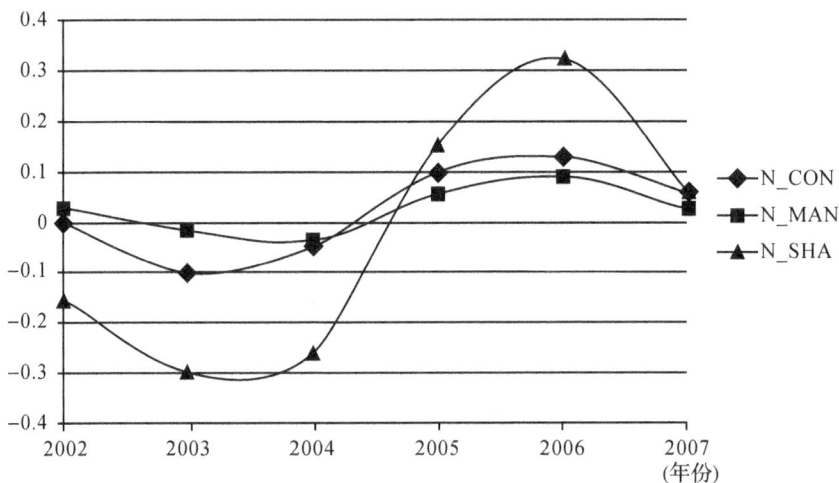

图 5-2　2002 年至 2007 年间家族控制者①、管理者②和家族股东数量的变化图

（3）企业内家族权力随时间演变的趋势

图 5-3 描述了 2002 年至 2007 年间家族企业内家族所掌握的控制权（P_CON）、管理权（P_MAN）及所有权（P_SHA）的变化情况。

在家族权力的变化中，最为显著的是家族所掌握的所有权，且 2003 年至 2006 年间家族所掌握的企业所有权是逐步增加的；家族控制权的变化较为平缓；家族管理权的变化也不十分明显。

---

① 控制者指掌握控制权的家族成员。
② 管理者指参与家族企业管理的家族成员。

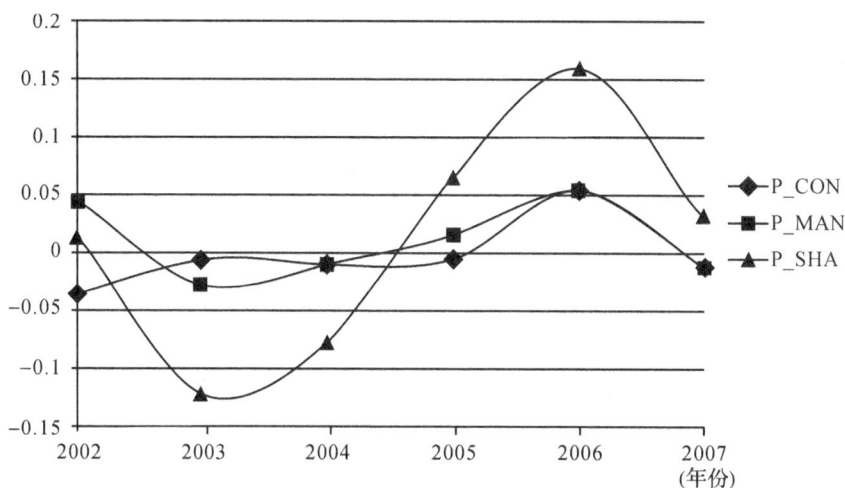

图 5-3　2002 年至 2007 年间企业内家族所掌握的控制权、管理权和所有权的变化情况

5.1.2 基于行业的家族企业治理结构演变变量间的比较

本部分基于行业的差异性,将对家族企业内部特征的变量和治理结构变化的变量进行对比分析。根据全球行业分类标准(Global Industry Classification Standard,GICS),本节将样本企业中能源行业、原材料行业、工业、消费者相机选择品业、日常消费品业、医疗保健业、金融业及信息科技业八个行业的组织模仿、制度环境、学习能力、家族认同和企业认同,以及家族企业的背景特征,如所处行业、规模、寿命、之前的业绩值、资产负债率、独立董事所占比例、董事会规模和高管层规模等变量进行统计。

由基于行业的对比结果(表 5-2)可见,能源行业、原材料行业和工业的家族化程度相对较低,而医疗保健业、金融业的家族化程度相对较高,这可能是由不同行业中企业发展的金融资本、人力资本的需求程度的差异性所决定的。一般而言,能源行业、原材料行业和工业的企业发展需要大量的资源,因此需要通过引入家族外部成员来获取各类资源,这样就对企业提出了让渡家族权力的要求,从而使企业朝去家族化的方向演变。

表 5-2 基于行业的家族企业治理结构演变的变量间的比较分析

行业 / 变量	IND1（能源行业）	IND2（原材料行业）	IND3（工业）	IND4（消费者相机选择品业）	IND5（日常消费品业）	IND6（医疗保健业）	IND7（金融业）	IND8（信息科技业）
SIZE	9.307	9.181	9.030	9.141	9.156	9.073	9.102	8.888
LIFE	13.931	9.099	9.872	11.227	9.301	9.966	12.268	9.434
DEBT	1.490	1.021	1.347	1.147	0.900	1.030	−2.009	1.144
INDENP	0.001	0.003	0.008	0.059	0.003	0.004	0.028	0.011 9
DIRECEO	0	0.117	0.191	0.145	0.134	0.135	0.114	0.221
PYR	0.5	0.963	0.938	1	0.924	0.888	1	0.881
N_DIR	8.909	9.180	8.644	8.524	9.509	9.106	8.4	9.19
N_TMT	6.727	6.156	5.370	5.021	5.705	5.708	4.371	6.225
ROA_12	0.035	0.038	0.016	−0.026	0.001	0.030	0.002	−0.082
IND_IMI	0.311	0.282	0.299	0.276	0.289	0.277	0.325	0.338
REG_IMI	0.141	0.358	0.340	0.333	0.292	0.312	0.285	0.330
LA	6.295	6.207	6.111 8	6.047	6.272	6.057	6.786	6.621
MA	2.719	1.760	2.142	8.017	6.116	7.094	8.530	8.578
FI	2.339	2.009	2.056	2.069	2.254	3.077	3.568	3.064
CI	4.593	5.611	5.153	4.910	5.090	5.037	4.840	5.148

续　表

行业　变量	IND1（能源行业）	IND2（原材料行业）	IND3（工业）	IND4（消费者相机选择品业）	IND5（日常消费品业）	IND6（医疗保健业）	IND7（金融业）	IND8（信息科技业）
FAM_SIZE	-0.083 3	-0.058 5	-0.060 1	0	-0.018	0.080	0.084	0.005
FAM_POW	-0.426 6	-0.134	-0.214 2	-0.126	-0.075	0.013	0.166	-0.001
FAM_KIN	-0.041 7	-0.024	-0.060 4	-0.061	-0.044	0.037	0.025	-0.004
FAM_INT	0	0.282	0.136	0.090	0.094	0.169	0.239	0.137
N_CON	0	0.813	0.907	0.553	-0.018	0.073	0.070	0.024
N_MAN	0.514	0.511	0.455	0.457	-0.018	0.029	0	0.025
N_SHA	0.717	1.048	2.778	0.888	-0.283	0.088	-0.014	-0.064
P_CON	-0.018 7	-0.007 6	-0.025 7	-0.013	-0.017	-0.013	0.047	-0.003
P_MAN	-0.065	0.002	0.008	-0.001	-0.003	0.010	-0.002 8	0.010
P_SHA	0.514	0.948	1.035	0.655	0.037	0.058	0.014	0.010

注：表中所列数字为各变量的均值。

5.2　组织模仿的效果分析

本部分将检验组织模仿、学习能力和组织认同对家族企业治理结构演变的影响。首先分析组织模仿对家族企业家族成员规模、家族权力、家族亲缘关系和家族意图变化的影响,其次分析家族企业的学习能力对这一影响的调节作用,最后在稳健性检验部分分析组织模仿对家族企业治理结构演变的各个维度的具体作用。

在具体检验方法上,本部分基于面板数据通过随机效应模型检验的方法来检验自变量对家族企业治理结构演变的影响,以及学习能力和组织认同的调节作用。考虑到可能存在的异方差、时序相关和横截面相关等问题,本书采用了 Driscoll-Kraay 标准差进行稳健性估计(Driscoll et al.,1998),采用异方差-稳健性检验 robust 等方法对基本回归方程进行了估计。同时,尤其对于时间跨度小而横截面观察点很多的面板数据来说,残差(Residuals)可能在企业层面或年份层面上是相关的,因此违背了残差独立同分布的假设(Wooldridge,2006),也就是说,使用常用的面板数据估计方法会低估标准误差而高估系数的显著性水平。(Petersen,2007,2009;陆正飞等,2008;余明桂等,2010)低估标准误差而高估系数的显著性水平会导致检验结果可信度不高,甚至可能是伪结果,因此对所有面板数据模型进行估计时,很多研究者均就其标准误差进行了企业层面的群聚(Cluster)调整。(陆正飞等,2008;余明桂等,2010)通过直接对标准误差在企业层面进行群聚调整,这样得到的标准误差才是无偏的。(Petersen,2009)

5.2.1 对组织模仿与家族企业治理结构演变的分析

(1)基于组织模仿的家族企业治理结构演变的 T 检验分析

第一,本部分对不同行业模仿水平的家族企业治理结构演变进行差异性分析,结果如表 5-3 第一部分所示。在家族成员规模的变化方面,行业模仿水平高和行业模仿水平低的家族企业间存在显著差异($p < 0.05$),行业模仿水平高的家族企业的家族成员规模增加的平均值要显著高于行业模仿水平低的家族企业的家族成员规模增加的平均值,其中行

业模仿水平低的家族企业的家族成员规模增加均值为－0.036,这就是说,其家族成员数量在平均水平上是逐年减少的。在家族权力的变化方面,行业模仿水平高的家族企业和行业模仿水平低的家族企业间存在显著差异($p<0.01$),行业模仿水平高的家族企业的家族权力增加的平均值要显著高于行业模仿水平低的家族企业的家族权力增加的平均值。在家族亲缘关系的变化上,行业模仿水平高的家族企业与行业模仿水平低的家族企业间并无显著差异。在家族意图方面,行业模仿水平高的家族企业与行业模仿水平低的家族企业间存在显著差异($p<0.01$),前者增加的平均值明显高于后者。

　　第二,本部分对拥有不同地区模仿水平的家族企业治理结构演变也进行了差异性分析,结果如表5-3第二部分所示。在家族成员规模的变化方面,地区模仿水平高的家族企业的家族成员规模增加的平均值显著高于地区模仿水平低的家族企业的家族成员规模增加的平均值($p<0.01$)。在家族权力的变化方面,地区模仿水平高和地区模仿水平低的家族企业间存在显著差异($p<0.05$),前者的家族权力增加的平均值显著高于后者。在家族亲缘关系的变化方面,地区模仿水平高的家族企业的亲缘关系增加的平均值显著地高于地区模仿水平低的家族企业的亲缘关系增加的平均值($p<0.01$)。在家族意图方面,地区模仿水平高的家族企业和地区模仿水平低的家族企业间存在显著差异($p<0.05$),前者增加的平均值显著高于后者。

表5-3　不同行业模仿和地区模仿水平下的家族企业治理结构演变的差异性分析

1.行业模仿对家族企业治理结构演变的影响

变量	行业模仿水平		(1)－(2) t统计量
	(1)高	(2)低	
FAM_SIZE	0.084 (0.030)	－0.036 (0.043)	0.12**
FAM_POW	0.206 (0.082)	－0.187 (0.107)	0.393***
FAM_KIN	0.014 (0.029)	－0.026 (0.033)	0.04
FAM_INT	0.186 (0.017)	0.109 (0.013)	0.077***

2. 地区模仿对家族企业治理结构演变的影响

变量	地区模仿水平		(1)－(2) t 统计量
	(1)高	(2)低	
FAM_SIZE	0.092 (0.033)	－0.041 (0.041)	0.133***
FAM_POW	0.174 (0.092)	－0.154 (0.101)	0.328**
FAM_KIN	0.054 (0.030)	－0.061 (0.032)	0.115***
FAM_INT	0.171 (0.017)	0.123 (0.014)	0.048**

注:(1) * 表示 $p < 0.1$, ** 表示 $p < 0.05$, *** 表示 $p < 0.01$;(2)表中数据为变量均值,括号内为标准差。

(2)组织模仿与家族企业治理结构演变的回归分析

在做正式回归分析前,本部分对数据做如下计量处理:为避免异常值对检验结果的影响,对主要连续变量在 1‰ 水平上的进行了 winsorized 缩尾处理(Maury,2006;Flannerya et al.,2006;余明桂等,2010);对模型中所有的解释变量和控制变量进行方差膨胀因子(Variance Inflation Factor,VIF)诊断,结果可排除多重共线性问题,保证模型估计的无偏性和一致性(Gujarati,1995;Chatterjee et al.,2000;Hamilton,2007);为避免遗漏变量可能会产生内生性问题而导致估计有偏差和不一致(Green,1997),结合以往相似主题的研究,将企业规模、企业寿命、独立董事所占比例、家族企业高管层规模、董事会规模等相关变量纳入模型进行控制(Wooldridge,2002,2003,2006)。在将上述数据进行处理的基础上,本部分对每个模型采用的面板数据估计的检验方法进行检验,具体检验结果见后续各部分回归分析表。

行业模仿和地区模仿对家族企业治理结构演变的作用如表 5-4 所示。由上述可知,对家族企业治理结构演变主要是基于四个维度来进行验证,分别是家族成员规模、家族权力、家族亲缘关系与家族意图。表 5-4(a)中模型 1 至模型 4 是基于家族成员规模变化的回归结果,模型 5 至模型 8 是基于家族权力变化的回归结果,模型 9 至模型 12 是基于家族亲缘关系变化的回归结果,模型 13 至模型 16 是基于家族意图变化的回归结果。

对于家族成员规模而言,模型 1 是包含控制变量的模型,模型 2 的检验结果显示了行业模仿与家族企业内家族成员规模的扩大呈显著的正相关关系($p<0.01$),同时模型 3 的结果表明了地区模仿与家族企业内家族成员规模的扩大也呈显著的正相关关系($p<0.01$),模型 4 是将行业模仿与地区模仿同时纳入回归模型进行分析的结果。上述 4 个模型结果显示,一个行业内上市家族企业的比例与一个地区内上市家族企业的比例,会对该行业和地区的家族企业内家族成员规模的扩大产生显著的正影响。

对于家族权力而言,模型 5 是包含控制变量的模型;模型 6 的检验结果显示了行业模仿与家族企业内家族权力的增大呈显著的正相关关系($p<0.01$);同时模型 7 的结果表明了地区模仿与家族企业内家族权力的增大也呈显著的正相关关系($p<0.01$);模型 8 是将行业模仿与地区模仿同时纳入回归模型进行分析的结果,此时行业模仿和地区模仿对家族权力增大的正向影响均显著($p<0.05$)。上述模型结果显示,一个行业内上市家族企业的比例与一个地区内上市家族企业的比例,也会对该行业和地区的家族企业内家族权力的增大产生显著的正影响。

对于家族亲缘关系而言,模型 9 是包含控制变量的模型;模型 10 纳入了行业模仿的作用,结果显示了行业模仿与家族企业内家族亲缘关系的增强呈显著的正相关关系($p<0.05$);同时模型 11 的结果表明,地区模仿与家族企业内家族亲缘关系的增强也呈显著的正相关关系($p<0.01$);模型 12 是基于全模型的分析结果。

对于家族意图而言,模型 14 检验了行业模仿与家族企业内家族意图之间的关系,检验结果表明了行业模仿与家族企业内家族意图的增强有显著的正相关关系($p<0.01$),这说明行业内上市家族企业的比例越高,企业的家族意图越强;模型 15 则检验了地区模仿对家族意图的影响,结果显示,一个地区上市家族企业的比例越高,企业的家族意图也越强($p<0.05$);而在模型 16 的基于全模型的分析中可知,行业模型的正向显著作用仍然存在($p<0.01$)。

表 5-4(a) 行业模仿和地区模仿对家族企业治理结构演变的作用

模型 变量	FAM_SIZE				FAM_POW			
	模型 1	模型 2	模型 3	模型 4	模型 5	模型 6	模型 7	模型 8
IND_IMI		1.112*** (0.349)		0.829** (0.366)		2.715*** (0.873)		2.053** (0.917)
REG_IMI			0.673*** (0.201)	0.525** (0.211)			1.595*** (0.503)	1.228** (0.528)
LA	-0.135*** (0.036)	-0.144*** (0.036)	-0.153*** (0.037)	-0.155*** (0.037)	-0.288*** (0.091)	-0.310*** (0.091)	-0.330*** (0.092)	-0.337*** (0.092)
IND1	0.145 (0.452)	0.173 (0.450)	0.270 (0.451)	0.263 (0.450)	0.168 (1.131)	0.236 (1.125)	0.463 (1.129)	0.446 (1.126)
IND2	-0.030 (0.382)	0.039 (0.380)	-0.044 (0.380)	0.010 (0.380)	-0.131 (0.954)	0.036 (0.951)	-0.165 (0.950)	-0.030 (0.949)
IND3	-0.024 (0.374)	0.021 (0.372)	-0.035 (0.372)	0.001 (0.371)	-0.204 (0.935)	-0.095 (0.931)	-0.230 (0.930)	-0.141 (0.929)
IND4	0.016 (0.376)	0.096 (0.375)	0.014 (0.374)	0.074 (0.374)	-0.218 (0.940)	-0.023 (0.937)	-0.223 (0.935)	-0.074 (0.935)
IND5	0.066 (0.388)	0.125 (0.386)	0.094 (0.386)	0.132 (0.385)	0.047 (0.969)	0.191 (0.966)	0.113 (0.964)	0.207 (0.963)
IND6	0.159 (0.377)	0.231 (0.376)	0.181 (0.375)	0.229 (0.375)	0.073 (0.944)	0.248 (0.941)	0.125 (0.939)	0.245 (0.938)
IND7	0.104 (0.386)	0.130 (0.384)	0.138 (0.384)	0.150 (0.383)	0.114 (0.964)	0.176 (0.960)	0.195 (0.960)	0.224 (0.958)

续　表

变量＼模型	FAM_SIZE				FAM_POW			
	模型 1	模型 2	模型 3	模型 4	模型 5	模型 6	模型 7	模型 8
IND8	0.108 (0.374)	0.110 (0.372)	0.109 (0.371)	0.110 (0.371)	0.223 (0.934)	0.228 (0.929)	0.225 (0.929)	0.229 (0.927)
ROA_12	0.099 (0.112)	0.119 (0.111)	0.123 (0.111)	0.132 (0.111)	0.249 (0.279)	0.296 (0.278)	0.304 (0.278)	0.327 (0.278)
SIZE	0.089 (0.071)	0.076 (0.071)	0.075 (0.071)	0.068 (0.070)	0.294* (0.177)	0.261 (0.176)	0.260 (0.176)	0.243 (0.176)
LIFE	−0.009 (0.007)	−0.012 (0.007)	−0.008 (0.007)	−0.011 (0.007)	−0.021 (0.018)	−0.029 (0.018)	−0.020 (0.018)	−0.026 (0.018)
DEBT	−0.000 (0.002)	−0.001 (0.002)	0.000 (0.002)	−0.000 (0.002)	0.006 (0.006)	0.005 (0.006)	0.007 (0.006)	0.006 (0.006)
INDENP	−0.002 (0.929)	0.030 (0.924)	−0.278 (0.927)	−0.193 (0.926)	−0.339 (2.321)	−0.260 (2.310)	−0.992 (2.319)	−0.782 (2.315)
DIRECEO	−0.088 (0.074)	−0.093 (0.074)	−0.081 (0.074)	−0.086 (0.074)	−0.586*** (0.186)	−0.599*** (0.185)	−0.570*** (0.185)	−0.584*** (0.185)
PYR	0.199* (0.113)	0.182 (0.113)	0.217* (0.113)	0.201* (0.113)	0.419 (0.283)	0.378 (0.282)	0.462 (0.282)	0.421 (0.282)
N_DIR	−0.035** (0.014)	−0.030** (0.014)	−0.033** (0.014)	−0.029** (0.014)	−0.081** (0.034)	−0.068** (0.034)	−0.075** (0.034)	−0.067* (0.034)
N_TMT	−0.006 (0.013)	−0.007 (0.013)	−0.006 (0.013)	−0.007 (0.013)	−0.046 (0.032)	−0.049 (0.032)	−0.046 (0.032)	−0.048 (0.032)

续 表

模型 / 变量	FAM_SIZE				FAM_POW			
	模型 1	模型 2	模型 3	模型 4	模型 5	模型 6	模型 7	模型 8
_cons	-0.523 (0.697)	-0.768 (0.698)	-0.649 (0.694)	-0.804 (0.696)	-1.672 (1.743)	-2.270 (1.745)	-1.968 (1.737)	-2.352 (1.741)
Wald chi2	42.38***	42.38***	43.49***	48.81***	49.01***	49.01***	49.42***	54.66***
within R2	0.036 3	0.036 3	0.039 5	0.041 9	0.045 4	0.045 4	0.047 0	0.050 8
between R2	0.769 3	0.769 3	0.851 3	0.779 5	0.484 2	0.484 2	0.598 9	0.476 8
overall R2	0.045 2	0.045 2	0.046 3	0.051 8	0.051 9	0.051 9	0.052 3	0.057 6

5-4（b） 行业模仿和地区模仿对家族企业治理结构演变的作用

模型 / 变量	FAM_KIN				FAM_INT			
	模型 9	模型 10	模型 11	模型 12	模型 13	模型 14	模型 15	模型 16
IND_IMI		0.716** (0.290)		0.472 (0.304)		0.550*** (0.148)		0.479*** (0.155)
REG_IMI			0.536*** (0.167)	0.452*** (0.175)			0.219** (0.085)	0.133 (0.089)
LA	-0.108*** (0.030)	-0.114*** (0.030)	-0.122*** (0.030)	-0.124*** (0.030)	0.079*** (0.015)	0.074*** (0.015)	0.073*** (0.016)	0.071*** (0.015)
IND1	0.192 (0.375)	0.210 (0.374)	0.291 (0.374)	0.287 (0.374)	0.080 (0.191)	0.094 (0.190)	0.121 (0.191)	0.117 (0.191)

续　表

模型 变量	FAM_KIN				FAM_INT			
	模型 9	模型 10	模型 11	模型 12	模型 13	模型 14	模型 15	模型 16
IND2	-0.002 (0.316)	0.042 (0.316)	-0.014 (0.315)	0.017 (0.315)	0.329** (0.162)	0.363** (0.161)	0.325** (0.161)	0.356** (0.161)
IND3	-0.053 (0.310)	-0.024 (0.309)	-0.062 (0.308)	-0.042 (0.308)	0.155 (0.158)	0.177 (0.157)	0.152 (0.158)	0.172 (0.157)
IND4	-0.042 (0.312)	0.010 (0.311)	-0.043 (0.310)	-0.009 (0.311)	0.124 (0.159)	0.163 (0.158)	0.123 (0.159)	0.158 (0.158)
IND5	0.032 (0.321)	0.070 (0.321)	0.054 (0.320)	0.076 (0.320)	0.129 (0.164)	0.158 (0.163)	0.138 (0.164)	0.159 (0.163)
IND6	0.081 (0.313)	0.127 (0.312)	0.098 (0.311)	0.126 (0.311)	0.200 (0.160)	0.235 (0.159)	0.207 (0.159)	0.235 (0.159)
IND7	0.066 (0.320)	0.083 (0.319)	0.093 (0.318)	0.100 (0.318)	0.257 (0.163)	0.270* (0.162)	0.268* (0.163)	0.275* (0.162)
IND8	0.041 (0.310)	0.042 (0.309)	0.041 (0.308)	0.042 (0.308)	0.185 (0.158)	0.186 (0.157)	0.185 (0.158)	0.186 (0.157)
ROA_12	0.037 (0.093)	0.050 (0.092)	0.056 (0.092)	0.061 (0.092)	0.077 (0.047)	0.087* (0.047)	0.084* (0.047)	0.090* (0.047)
SIZE	0.047 (0.059)	0.039 (0.059)	0.036 (0.058)	0.032 (0.058)	-0.070** (0.030)	-0.076** (0.030)	-0.074** (0.030)	-0.078*** (0.030)
LIFE	-0.009 (0.006)	-0.011* (0.006)	-0.008 (0.006)	-0.010 (0.006)	0.003 (0.003)	0.001 (0.003)	0.003 (0.003)	0.002 (0.003)

续　表

模型 变量	FAM_KIN				FAM_INT			
	模型 9	模型 10	模型 11	模型 12	模型 13	模型 14	模型 15	模型 16
DEBT	−0.001 (0.002)	−0.001 (0.002)	0 (0.002)	−0.001 (0.002)	0.002* (0.001)	0.001 (0.001)	0.002* (0.001)	0.002 (0.001)
INDENP	−0.112 (0.770)	−0.091 (0.767)	−0.332 (0.769)	−0.283 (0.769)	−0.206 (0.393)	−0.190 (0.390)	−0.296 (0.393)	−0.247 (0.392)
DIRECEO	−0.053 (0.062)	−0.056 (0.061)	−0.047 (0.061)	−0.050 (0.061)	0.062** (0.031)	0.059* (0.031)	0.064** (0.031)	0.061* (0.031)
PYR	−0.002 (0.094)	−0.013 (0.094)	0.013 (0.093)	0.003 (0.093)	0.079* (0.048)	0.070 (0.048)	0.085* (0.048)	0.075 (0.048)
N_DIR	−0.006 (0.011)	−0.002 (0.011)	−0.004 (0.011)	−0.002 (0.011)	−0.010* (0.006)	−0.007 (0.006)	−0.009 (0.006)	−0.007 (0.006)
N_TMT	0.001 (0.011)	0 (0.011)	0.001 (0.010)	0.001 (0.010)	−0.011** (0.005)	−0.012** (0.005)	−0.011** (0.005)	−0.012** (0.005)
_cons	−0.257 (0.578)	−0.415 (0.580)	−0.357 (0.576)	−0.445 (0.578)	0.592* (0.295)	0.471 (0.295)	0.551* (0.295)	0.462 (0.295)
Wald chi2	25.32	25.32	29.67*	32.13**	95.17***	95.17***	87.16***	97.51***
within R2	0.023 6	0.023 6	0.028 7	0.030 5	0.083 0	0.083 0	0.084 0	0.084 1
between R2	0.478 3	0.478 3	0.498 9	0.494 9	0.917 4	0.917 4	0.838 5	0.920 4
overall R2	0.027 5	0.027 5	0.032 1	0.034 7	0.096 1	0.096 1	0.088 7	0.098 3

注：* 表示 $p<0.1$，** 表示 $p<0.05$，*** 表示 $p<0.01$。

5.2.2 学习能力的调节作用

在分析行业模仿与地区模仿对家族企业治理结构演变的影响的基础上,本部分对学习能力的调节作用进行检验,结果见表5-5。

模型1至模型3检验的是学习能力对组织模仿与家族成员规模扩大间关系的影响。模型1的结果显示,学习能力与行业模仿的交互效应显著为正($p<0.1$),这也就是说,随着企业学习能力的提高,行业模仿对家族成员规模扩大的正向影响会增强;模型2检验的是学习能力对地区模仿效应的调节作用,其结果显示,学习能力与地区模仿的交互效应也显著为正($p<0.1$),这就意味着,学习能力的提高也有助于增强地区模仿对家族成员规模扩大的作用;模型3同时验证了学习能力对行业模仿和地区模仿效应的调节作用。

模型4至模型6验证了学习能力对组织模仿与家族权力增大间关系的调节作用。模型4的结果显示,学习能力对行业模仿与家族权力间的关系会产生显著的正影响,然而这个影响并不显著。模型5检验了学习能力对地区模仿效应的调节作用,结果显示,学习能力对地区模仿与家族权力间的关系会产生正影响,但并不显著。模型6则同时验证了学习能力对行业模仿和地区模仿效应的调节作用。

在之后的模型7至模型9中,学习能力对行业模仿及地区模仿效应的调节作用并不显著。

从模型10至模型12可以看出,学习能力对行业模型、地区模仿与家族意图之间关系的调节作用均为正,但并不显著。

表 5-5(a)　学习能力、行业模仿(地区模仿)与家族企业治理结构演变的分析

模型 变量	FAM_SIZE			FAM_POW		
	模型1	模型2	模型3	模型4	模型5	模型6
主效应						
IND_IMI	1.105*** (0.349)		0.815** (0.366)	2.707*** (0.874)		2.026** (0.917)
REG_IMI		0.671*** (0.201)	0.525** (0.211)		1.590*** (0.503)	1.227** (0.528)

续　表

模型 变量	FAM_SIZE			FAM_POW		
	模型 1	模型 2	模型 3	模型 4	模型 5	模型 6
调节效应						
IND_IMI×LA	0.779* (0.438)		0.648* (0.397)	0.831 (1.096)		0.490 (1.140)
REG_IMI×LA		0.383* (0.233)	0.265 (0.262)		0.801 (0.629)	0.690 (0.655)
控制项						
LA	−0.144*** (0.036)	−0.161*** (0.037)	−0.161*** (0.037)	−0.311*** (0.091)	−0.348*** (0.093)	−0.352*** (0.093)
IND1	0.180 (0.450)	0.299 (0.451)	0.289 (0.450)	0.243 (1.126)	0.523 (1.129)	0.503 (1.127)
IND2	0.028 (0.380)	−0.051 (0.379)	−0.004 (0.379)	0.025 (0.952)	−0.180 (0.949)	−0.051 (0.950)
IND3	0.008 (0.372)	−0.028 (0.372)	−0.006 (0.371)	−0.109 (0.931)	−0.215 (0.930)	−0.138 (0.929)
IND4	0.074 (0.375)	0.013 (0.374)	0.055 (0.374)	−0.046 (0.938)	−0.224 (0.935)	−0.090 (0.936)
IND5	0.093 (0.386)	0.083 (0.385)	0.097 (0.385)	0.156 (0.967)	0.091 (0.964)	0.166 (0.964)
IND6	0.221 (0.376)	0.189 (0.375)	0.226 (0.375)	0.237 (0.941)	0.142 (0.939)	0.252 (0.939)
IND7	0.107 (0.384)	0.148 (0.384)	0.138 (0.383)	0.152 (0.961)	0.215 (0.960)	0.227 (0.959)
IND8	0.094 (0.371)	0.109 (0.371)	0.097 (0.370)	0.212 (0.930)	0.226 (0.929)	0.220 (0.928)
ROA_12	0.104 (0.111)	0.115 (0.111)	0.115 (0.111)	0.280 (0.279)	0.288 (0.278)	0.304 (0.279)
SIZE	0.082 (0.071)	0.077 (0.071)	0.075 (0.070)	0.268 (0.177)	0.264 (0.176)	0.251 (0.176)
LIFE	−0.012 (0.007)	−0.008 (0.007)	−0.010 (0.007)	−0.028 (0.018)	−0.020 (0.018)	−0.026 (0.018)
DEBT	0 (0.002)	0 (0.002)	0 (0.002)	0.005 (0.006)	0.007 (0.006)	0.006 (0.006)
INDENP	0.008 (0.923)	−0.225 (0.927)	−0.176 (0.925)	−0.283 (2.311)	−0.882 (2.320)	−0.703 (2.318)

续　表

模型 变量	FAM_SIZE			FAM_POW		
	模型 1	模型 2	模型 3	模型 4	模型 5	模型 6
DIRECEO	−0.085 (0.074)	−0.073 (0.074)	−0.075 (0.074)	−0.591*** (0.185)	−0.555*** (0.185)	−0.566*** (0.185)
PYR	0.174 (0.113)	−0.034** (0.014)	−0.031** (0.014)	0.368 (0.282)	−0.078** (0.034)	−0.070** (0.034)
N_DIR	−0.030** (0.014)	−0.006 (0.013)	−0.008 (0.013)	−0.069** (0.034)	−0.047 (0.032)	−0.049 (0.032)
N_TMT	−0.008 (0.013)	0.218* (0.112)	0.194* (0.113)	−0.050 (0.032)	0.464* (0.281)	0.418 (0.282)
_cons	−0.795 (0.697)	−0.660 (0.694)	−0.832 (0.695)	−2.298 (1.746)	−1.992 (1.736)	−2.385 (1.742)
Wald chi2	45.65***	45.87***	53.13***	49.57***	51.07***	56.32***
within R2	0.039 6	0.041 7	0.046 4	0.046 0	0.048 5	0.052 6
between R2	0.760 5	0.860 9	0.779 2	0.480 0	0.606 4	0.480 7
overall R2	0.048 6	0.048 8	0.056 2	0.052 5	0.054 0	0.059 4

表 5-5(b)　学习能力、行业模仿(地区模仿)与家族企业治理结构演变的分析

模型 变量	FAM_KIN			FAM_INT		
	模型 7	模型 8	模型 9	模型 10	模型 11	模型 12
主效应						
IND_IMI	0.715** (0.290)		0.474 (0.305)	0.550*** (0.148)		0.475*** (0.155)
REG_IMI		0.537*** (0.167)	0.452** (0.176)		0.218** (0.085)	0.133 (0.089)
调节效应						
IND_IMI×LA	0.100 (0.364)		0.153 (0.379)	0.062 (0.185)		0.013 (0.193)
REG_IMI×LA		−0.077 (0.209)	−0.109 (0.218)		0.108 (0.107)	0.098 (0.111)
控制项						
LA	−0.114*** (0.030)	−0.120*** (0.031)	−0.121*** (0.031)	0.074*** (0.015)	0.071*** (0.016)	0.069*** (0.016)

模型 变量	FAM_KIN			FAM_INT		
	模型 7	模型 8	模型 9	模型 10	模型 11	模型 12
IND1	0.211 (0.374)	0.285 (0.375)	0.281 (0.375)	0.095 (0.190)	0.129 (0.192)	0.124 (0.191)
IND2	0.041 (0.316)	−0.012 (0.315)	0.018 (0.316)	0.362** (0.161)	0.323** (0.161)	0.354** (0.161)
IND3	−0.026 (0.309)	−0.063 (0.308)	−0.046 (0.309)	0.176 (0.157)	0.154 (0.158)	0.174 (0.157)
IND4	0.007 (0.312)	−0.043 (0.310)	−0.013 (0.311)	0.161 (0.158)	0.123 (0.159)	0.157 (0.158)
IND5	0.065 (0.321)	0.056 (0.320)	0.072 (0.320)	0.155 (0.163)	0.135 (0.164)	0.156 (0.163)
IND6	0.126 (0.313)	0.096 (0.311)	0.121 (0.312)	0.234 (0.159)	0.209 (0.159)	0.237 (0.159)
IND7	0.080 (0.319)	0.091 (0.318)	0.093 (0.319)	0.268* (0.162)	0.271* (0.163)	0.277* (0.162)
IND8	0.040 (0.309)	0.041 (0.308)	0.039 (0.308)	0.185 (0.157)	0.185 (0.158)	0.186 (0.157)
ROA_12	0.048 (0.093)	0.057 (0.092)	0.061 (0.093)	0.085* (0.047)	0.082* (0.047)	0.088* (0.047)
SIZE	0.039 (0.059)	0.035 (0.059)	0.032 (0.059)	−0.076** (0.030)	−0.074** (0.030)	−0.078*** (0.030)
LIFE	−0.011* (0.006)	−0.008 (0.006)	−0.010 (0.006)	0.001 (0.003)	0.003 (0.003)	0.002 (0.003)
DEBT	−0.001 (0.002)	0 (0.002)	−0.001 (0.002)	0.001 (0.001)	0.002* (0.001)	0.002 (0.001)
INDENP	−0.094 (0.768)	−0.342 (0.769)	−0.302 (0.770)	−0.192 (0.390)	−0.281 (0.394)	−0.234 (0.392)
DIRECEO	−0.055 (0.062)	−0.049 (0.061)	−0.051 (0.061)	0.060* (0.031)	0.066** (0.031)	0.063** (0.031)
PYR	−0.014 (0.094)	−0.003 (0.011)	−0.002 (0.011)	−0.007 (0.006)	−0.009 (0.006)	−0.007 (0.006)
N_DIR	−0.002 (0.011)	0.001 (0.010)	0 (0.010)	−0.012** (0.005)	−0.011** (0.005)	−0.012** (0.005)
N_TMT	0 (0.011)	0.012 (0.093)	0.001 (0.094)	0.070 (0.048)	0.085* (0.048)	0.075 (0.048)
_cons	−0.418 (0.580)	−0.355 (0.576)	−0.448 (0.579)	0.469 (0.295)	0.548* (0.295)	0.459 (0.295)

续　表

模型 变量	FAM_KIN			FAM_INT		
	模型 7	模型 8	模型 9	模型 10	模型 11	模型 12
Wald chi2	25.37	29.78*	32.39*	95.18***	88.17***	98.28***
within R2	0.023 7	0.028 8	0.030 9	0.083 0	0.084 8	0.084 9
between R2	0.476 4	0.498 1	0.491 9	0.918 1	0.846 6	0.922 7
overall R2	0.027 6	0.032 2	0.035 0	0.096 2	0.089 8	0.099 2

注：* 表示 $p<0.1$，** 表示 $p<0.05$，*** 表示 $p<0.01$。

5.2.3 组织模仿、学习能力与家族企业治理结构演变的全模型

本部分借鉴 Datta et al.（2003）和 Zhang et al.（2009）的方法，对行业模仿和地区模仿进行无量纲处理后，构建了一个反映组织模仿的综合指标（ORG_IMI），再对组织模仿的作用及学习能力的调节效应进行综合检验，检验结果见表 5-6。

模型 1 是基于控制变量的检验模型。模型 2 的结果显示，组织模仿会对家族企业中家族成员规模的变化产生显著的促进作用（$p<0.01$）。模型 3 检验了学习能力对这一作用的调节效应，交互项组织模仿与学习能力的检验结果显示，学习能力会对组织模仿的效应产生显著的促进作用（$p<0.05$）；也就是说，组织模仿对家族企业中家族成员规模扩大的促进作用会随着企业学习能力的提高而增强。

模型 4 至模型 6 是基于家族权力变化的检验。模型 4 同样是基于控制变量的检验模型。模型 5 的检验结果表明，组织模仿有利于家族权力的增大（$p<0.01$）。模型 6 的交互效应检验结果表明，学习能力会对组织模仿与家族权力间的关系产生正向影响，但并不显著。

模型 7 至模型 9 是基于家族亲缘关系变化的检验结果。模型 8 的结果表明，组织模仿对家族亲缘关系的变化产生显著的正影响（$p<0.01$），也就是说，组织模仿水平的提高，有助于加深家族企业内家族成员关系的亲密程度。此时，学习能力的调节作用并不显著。

在对家族意图的分析中，模型 10 是控制变量的检验模型。模型 11 的结果表明，组织模仿会对家族意图的变化产生显著的促进作用（$p<0.01$），组织模仿的水平越高，家族意图强度的提升越显著。在模型 12 中，学习能力与组织模仿的交互项结果为正，但不显著。

表 5-6(a)　学习能力、组织模仿与家族企业治理结构演变的分析

模型 变量	FAM_SIZE			FAM_POW		
	模型 1	模型 2	模型 3	模型 4	模型 5	模型 6
主效应						
ORG_IMI		0.073*** (0.018)	0.072*** (0.018)		0.175*** (0.045)	0.174*** (0.045)
调节效应						
ORG_IMI×LA			0.046** (0.023)			0.071 (0.057)
控制项						
LA	−0.135*** (0.036)	−0.155*** (0.037)	−0.162*** (0.037)	−0.288*** (0.091)	−0.337*** (0.091)	−0.348*** (0.092)
IND1	0.145 (0.452)	0.261 (0.449)	0.290 (0.449)	0.168 (1.131)	0.447 (1.124)	0.491 (1.124)
IND2	−0.030 (0.382)	0.012 (0.379)	−0.002 (0.378)	−0.131 (0.954)	−0.031 (0.947)	−0.052 (0.947)
IND3	−0.024 (0.374)	0.002 (0.371)	−0.001 (0.370)	−0.204 (0.935)	−0.142 (0.927)	−0.147 (0.927)
IND4	0.016 (0.376)	0.076 (0.373)	0.060 (0.373)	−0.218 (0.940)	−0.075 (0.933)	−0.099 (0.933)
IND5	0.066 (0.388)	0.133 (0.385)	0.101 (0.384)	0.047 (0.969)	0.207 (0.962)	0.158 (0.963)
IND6	0.159 (0.377)	0.230 (0.375)	0.230 (0.374)	0.073 (0.944)	0.245 (0.937)	0.244 (0.937)
IND7	0.104 (0.386)	0.150 (0.383)	0.142 (0.382)	0.114 (0.964)	0.224 (0.957)	0.212 (0.957)
IND8	0.108 (0.374)	0.110 (0.370)	0.100 (0.370)	0.223 (0.934)	0.229 (0.927)	0.213 (0.926)
ROA_12	0.099 (0.112)	0.132 (0.111)	0.115 (0.111)	0.249 (0.279)	0.327 (0.278)	0.302 (0.278)
SIZE	0.089 (0.071)	0.068 (0.070)	0.075 (0.070)	0.294* (0.177)	0.243 (0.176)	0.252 (0.176)

续　表

模型 / 变量	FAM_SIZE			FAM_POW		
	模型1	模型2	模型3	模型4	模型5	模型6
LIFE	−0.009 (0.007)	−0.011 (0.007)	−0.011 (0.007)	−0.021 (0.018)	−0.026 (0.018)	−0.025 (0.018)
DEBT	0 (0.002)	0 (0.002)	0 (0.002)	0.006 (0.006)	0.006 (0.006)	0.006 (0.006)
INDENP	−0.002 (0.929)	−0.187 (0.922)	−0.157 (0.920)	−0.339 (2.321)	−0.784 (2.306)	−0.737 (2.306)
DIRECEO	−0.088 (0.074)	−0.086 (0.074)	−0.075 (0.074)	−0.586*** (0.186)	−0.584*** (0.184)	−0.566*** (0.185)
PYR	0.199* (0.113)	0.200* (0.112)	0.195* (0.112)	0.419 (0.283)	0.421 (0.280)	0.413 (0.280)
N_DIR	−0.035** (0.014)	−0.029** (0.014)	−0.031** (0.014)	−0.081** (0.034)	−0.067* (0.034)	−0.069** (0.034)
N_TMT	−0.006 (0.013)	−0.007 (0.013)	−0.008 (0.013)	−0.046 (0.032)	−0.048 (0.032)	−0.050 (0.032)
_cons	−0.523 (0.697)	−0.387 (0.692)	−0.417 (0.691)	−1.672 (1.743)	−1.343 (1.731)	−1.391 (1.731)
Wald chi2	42.38***	48.86***	53.15***	49.01***	54.72***	56.30***
within R2	0.036 3	0.041 9	0.046 2	0.045 4	0.050 8	0.052 5
between R2	0.769 3	0.778 6	0.780 0	0.484 2	0.477 0	0.477 9
overall R2	0.045 2	0.051 8	0.056 1	0.051 9	0.057 6	0.059 2

表 5-6(b)　学习能力、组织模仿与家族企业治理结构演变的分析

模型 / 变量	FAM_KIN			FAM_INT		
	模型7	模型8	模型9	模型10	模型11	模型12
主效应						
ORG_IMI	0.053*** (0.015)	0.053*** (0.015)		0.030*** (0.008)	0.029*** (0.008)	
调节效应						
ORG_IMI×LA			−0.002 (0.019)			0.008 (0.010)

续　表

模型 变量	FAM_KIN			FAM_INT		
	模型 7	模型 8	模型 9	模型 10	模型 11	模型 12
控制项						
LA	−0.108***	−0.123***	−0.122***	0.079***	0.070***	0.069***
	(0.030)	(0.030)	(0.030)	(0.015)	(0.015)	(0.016)
IND1	0.192	0.276	0.275	0.080	0.127	0.132
	(0.375)	(0.373)	(0.374)	(0.191)	(0.190)	(0.190)
IND2	−0.002	0.028	0.028	0.329**	0.346**	0.344**
	(0.316)	(0.315)	(0.315)	(0.162)	(0.160)	(0.160)
IND3	−0.053	−0.034	−0.034	0.155	0.166	0.165
	(0.310)	(0.308)	(0.308)	(0.158)	(0.157)	(0.157)
IND4	−0.042	0.001	0.002	0.124	0.148	0.145
	(0.312)	(0.310)	(0.310)	(0.159)	(0.158)	(0.158)
IND5	0.032	0.080	0.081	0.129	0.156	0.150
	(0.321)	(0.320)	(0.320)	(0.164)	(0.163)	(0.163)
IND6	0.081	0.132	0.132	0.200	0.229	0.229
	(0.313)	(0.311)	(0.311)	(0.160)	(0.159)	(0.159)
IND7	0.066	0.099	0.100	0.257	0.275*	0.274*
	(0.320)	(0.318)	(0.318)	(0.163)	(0.162)	(0.162)
IND8	0.041	0.042	0.043	0.185	0.186	0.184
	(0.310)	(0.308)	(0.308)	(0.158)	(0.157)	(0.157)
ROA_12	0.037	0.061	0.062	0.077	0.090*	0.087*
	(0.093)	(0.092)	(0.092)	(0.047)	(0.047)	(0.047)
SIZE	0.047	0.032	0.032	−0.070**	−0.078***	−0.077***
	(0.059)	(0.058)	(0.059)	(0.030)	(0.030)	(0.030)
LIFE	−0.009	−0.010*	−0.010*	0.003	0.002	0.002
	(0.006)	(0.006)	(0.006)	(0.003)	(0.003)	(0.003)
DEBT	−0.001	−0.001	−0.001	0.002*	0.002*	0.002*
	(0.002)	(0.002)	(0.002)	(0.001)	(0.001)	(0.001)
INDENP	−0.112	−0.246	−0.247	−0.206	−0.281	−0.276
	(0.770)	(0.766)	(0.766)	(0.393)	(0.390)	(0.390)
DIRECEO	−0.053	−0.052	−0.052	0.062**	0.062**	0.064**
	(0.062)	(0.061)	(0.061)	(0.031)	(0.031)	(0.031)
PYR	−0.002	−0.001	−0.001	0.079*	0.079*	0.078*
	(0.094)	(0.093)	(0.093)	(0.048)	(0.047)	(0.048)
N_DIR	−0.006	−0.001	−0.001	−0.010*	−0.007	−0.008
	(0.011)	(0.011)	(0.011)	(0.006)	(0.006)	(0.006)

模型 变量	FAM_KIN			FAM_INT		
	模型 7	模型 8	模型 9	模型 10	模型 11	模型 12
N_TMT	0.001 (0.011)	0 (0.010)	0 (0.010)	-0.011^{**} (0.005)	-0.011^{**} (0.005)	-0.012^{**} (0.005)
_cons	-0.257 (0.578)	-0.158 (0.575)	-0.157 (0.575)	0.592^{**} (0.295)	0.647^{**} (0.293)	0.642^{**} (0.293)
Wald chi2	25.32	31.82^{**}	31.79^{**}	95.17^{***}	96.40^{***}	97.03^{***}
within R2	0.023 6	0.030 2	0.030 2	0.083 0	0.083 9	0.084 4
between R2	0.478 3	0.492 5	0.492 7	0.917 4	0.917 6	0.920 1
overall R2	0.027 5	0.034 3	0.034 3	0.096 1	0.097 2	0.097 9

注：* 表示 $p<0.1$，** 表示 $p<0.05$，*** 表示 $p<0.01$。

5.2.4 稳健性检验

由上文可知，构成治理结构演变的四个维度还可以进一步细化，本部分将对其中的家族成员规模与家族权力的作用机制进行进一步的深入分析，以验证之前的研究结果。

（1）基于家族成员规模变化的探讨

如前所述，本书将企业中的家族成员进一步细分为掌握控制权的家族成员、参与家族企业管理的家族成员及家族股东。在此基础上，本部分将详细地讨论行业模仿和地区模仿对家族成员规模变化的具体影响。

表 5-7 反映了行业模仿对家族成员规模的影响情况。模型 1 和模型 2 是对掌握控制权的家族成员规模变化的讨论。模型 2 的结果显示，行业模仿水平的提高，能够有效地促进掌握控制权的家族成员数量的增加（$p<0.01$）。模型 3 和模型 4 是对参与家族企业管理的家族成员进行检验的结果。模型 4 的结果显示，行业模仿对参与家族企业管理的家族成员数量的增加并无显著促进作用，这也就是说，行业中上市家族企业比例的提高，并不会对参与家族企业管理的家族成员数量的增加产生明显的促进作用。模型 5 和模型 6 是对家族股东的人数变化情况的分析，结果显示，行业中上市家族企业比例的提高，能够有效地促进家族股东数量的增加（$p<0.01$）。

表 5-7　行业模仿对家族成员规模变化的影响

模型 变量	N_CON		N_MAN		N_SHA	
	模型 1	模型 2	模型 3	模型 4	模型 5	模型 6
IND_IMI		0.874***		0.291		2.382***
		(0.709)		(0.339)		(0.218)
IND1	0.015	0.032	0.027	0.033	0.236	0.281
	(0.439)	(0.437)	(0.281)	(0.281)	(0.920)	(0.915)
IND2	−0.132	−0.083	0.001	0.017	−0.087	0.047
	(0.370)	(0.370)	(0.237)	(0.237)	(0.776)	(0.773)
IND3	−0.086	−0.053	0.044	0.055	−0.152	−0.063
	(0.363)	(0.362)	(0.232)	(0.232)	(0.761)	(0.757)
IND4	−0.053	0.006	−0.019	0	0.024	0.184
	(0.365)	(0.364)	(0.234)	(0.234)	(0.765)	(0.762)
IND5	−0.010	0.032	0.002	0.016	−0.015	0.098
	(0.376)	(0.375)	(0.241)	(0.241)	(0.788)	(0.784)
IND6	0.061	0.113	0.044	0.061	0.211	0.351
	(0.366)	(0.365)	(0.234)	(0.234)	(0.767)	(0.764)
IND7	0.002	0.018	−0.008	−0.002	0.008	0.051
	(0.780)	(0.374)	(0.373)	(0.240)	(0.239)	(0.785)
IND8	0.059	0.057	0.090	0.090	0.063	0.058
	(0.363)	(0.362)	(0.232)	(0.232)	(0.760)	(0.756)
ROA_12	0.105	0.119	−0.005	0	0.033	0.072
	(0.108)	(0.108)	(0.069)	(0.069)	(0.227)	(0.226)
SIZE	0.070	0.058	0.076*	0.072	−0.039	−0.070
	(0.069)	(0.069)	(0.044)	(0.044)	(0.144)	(0.143)
LIFE	0	−0.002	−0.002	−0.002	−0.004	−0.010
	(0.007)	(0.007)	(0.004)	(0.004)	(0.014)	(0.014)
DEBT	0	0	0.002	0.001	−0.001	−0.002
	(0.002)	(0.002)	(0.001)	(0.001)	(0.005)	(0.005)
INDENP	0.200	0.236	0.145	0.158	−0.284	−0.184
	(0.901)	(0.898)	(0.576)	(0.576)	(1.888)	(1.878)
DIRECEO	−0.133*	−0.138*	−0.170***	−0.172***	−0.076	−0.090
	(0.072)	(0.072)	(0.046)	(0.046)	(0.151)	(0.150)
PYR	0.197*	0.185*	0.083	0.079	0.287	0.256
	(0.109)	(0.109)	(0.070)	(0.070)	(0.230)	(0.228)
N_DIR	−0.035***	−0.031**	−0.015*	−0.014	−0.065**	−0.054*
	(0.013)	(0.013)	(0.009)	(0.009)	(0.028)	(0.028)

续　表

模型 变量	N_CON		N_MAN		N_SHA	
	模型 1	模型 2	模型 3	模型 4	模型 5	模型 6
N_TMT	−0.004	−0.005	−0.010	−0.010	−0.022	−0.024
	(0.012)	(0.012)	(0.008)	(0.008)	(0.026)	(0.026)
_cons	−0.447	−0.638	−0.555	−0.618	0.754	0.235
	(0.677)	(0.679)	(0.434)	(0.436)	(1.420)	(1.421)
Wald chi2	19.69	26.46*	25.56*	27.37*	12.41	23.83
within R2	0.021 1	0.021 4	0.026 7	0.026 1	0.013 6	0.016 7
between R2	0.051 2	0.715 3	0.541 9	0.691 2	0.010 3	0.522 2
overall R2	0.021 5	0.028 7	0.027 7	0.029 6	0.013 6	0.025 9

注：* 表示 $p<0.1$，** 表示 $p<0.05$，*** 表示 $p<0.01$。

表 5-8 反映了地区模仿对家族成员规模的影响。模型 1 和模型 2 是对掌握控制权的家族成员数量变化的讨论。模型 2 的结果表明，地区上市家族企业比例的提高，能够有效地促进掌握控制权的家族成员数量的增加（$p<0.05$）。模型 3 和模型 4 是对参与家族企业管理的家族成员数量变化进行检验的结果。模型 4 的结果显示，地区模仿对参与家族企业管理的家族成员数量的增加有显著促进作用（$p<0.05$）。模型 5 和模型 6 是对家族股东数量变化情况的分析，结果显示，地区上市家族企业比例的提高对家族股东数量的增加有正向影响，但是这种作用并不显著。也就是说，地区中上市家族企业比例的提高，并不会对家族股东数量的增加带来明显的促进作用。

表 5-8　地区模仿对家族成员规模变化的影响

模型 变量	N_CON		N_MAN		N_SHA	
	模型 1	模型 2	模型 3	模型 4	模型 5	模型 6
REG_IMI		0.431**		0.302**		0.390
		(0.194)		(0.124)		(0.408)
IND1	0.015	0.086	0.027	0.077	0.236	0.300
	(0.439)	(0.439)	(0.281)	(0.281)	(0.920)	(0.922)
IND2	−0.132	−0.149	0.001	−0.011	−0.087	−0.102
	(0.370)	(0.370)	(0.237)	(0.236)	(0.776)	(0.777)
IND3	−0.086	−0.097	0.044	0.036	−0.152	−0.162
	(0.363)	(0.362)	(0.232)	(0.232)	(0.761)	(0.761)

续　表

模型 变量	N_CON		N_MAN		N_SHA	
	模型 1	模型 2	模型 3	模型 4	模型 5	模型 6
IND4	−0.053	−0.060	−0.019	−0.024	0.024	0.017
	(0.365)	(0.364)	(0.234)	(0.233)	(0.765)	(0.765)
IND5	−0.010	0.001	0.002	0.009	−0.015	−0.006
	(0.376)	(0.375)	(0.241)	(0.240)	(0.788)	(0.788)
IND6	0.061	0.067	0.044	0.048	0.211	0.216
	(0.366)	(0.365)	(0.234)	(0.234)	(0.767)	(0.767)
IND7	0.002	0.017	−0.008	0.003	0.008	0.021
	(0.374)	(0.374)	(0.240)	(0.239)	(0.785)	(0.785)
IND8	0.059	0.054	0.090	0.087	0.063	0.059
	(0.363)	(0.362)	(0.232)	(0.231)	(0.760)	(0.760)
ROA_12	0.105	0.119	−0.005	0.005	0.033	0.045
	(0.108)	(0.108)	(0.069)	(0.069)	(0.227)	(0.228)
SIZE	0.070	0.059	0.076*	0.069	−0.039	−0.048
	(0.069)	(0.069)	(0.044)	(0.044)	(0.144)	(0.144)
LIFE	0	0.002	−0.002	−0.001	−0.004	−0.003
	(0.007)	(0.007)	(0.004)	(0.004)	(0.014)	(0.014)
DEBT	−0.001	0.001	0.002	0.002	−0.001	−0.001
	(0.002)	(0.002)	(0.001)	(0.001)	(0.005)	(0.005)
INDENP	0.200	0.041	0.145	0.034	−0.284	−0.427
	(0.901)	(0.902)	(0.576)	(0.577)	(1.888)	(1.894)
DIRECEO	−0.133*	−0.130*	−0.170***	−0.168***	−0.076	−0.074
	(0.072)	(0.072)	(0.046)	(0.046)	(0.151)	(0.151)
PYR	0.197*	0.211*	0.083	0.093	0.287	0.300
	(0.109)	(0.109)	(0.070)	(0.070)	(0.230)	(0.230)
N_DIR	−0.035***	−0.033**	−0.015*	−0.014*	−0.065**	−0.063**
	(0.013)	(0.013)	(0.009)	(0.009)	(0.028)	(0.028)
N_TMT	−0.004	−0.004	−0.010	−0.010	−0.022	−0.022
	(0.012)	(0.012)	(0.008)	(0.008)	(0.026)	(0.026)
_cons	−0.447	−0.524	−0.555	−0.608	0.754	0.684
	(0.677)	(0.677)	(0.434)	(0.433)	(1.420)	(1.422)
Wald chi2	19.69	24.70	25.56*	31.60**	12.41	13.32
within R2	0.021 1	0.021 7	0.026 7	0.030 2	0.013 6	0.012 0
between R2	0.051 2	0.801 4	0.541 9	0.714 3	0.010 3	0.565 4
overall R2	0.021 5	0.026 8	0.027 7	0.034 1	0.013 6	0.014 6

注：* 表示 $p < 0.1$，** 表示 $p < 0.05$，*** 表示 $p < 0.01$。

表5-9进一步检验了学习能力对行业模仿、地区模仿效应的调节作用。表5-9的模型1、2、3检验了学习能力对行业模仿效应的调节作用。模型1显示,学习能力能够有效提升行业模仿对掌握控制权的家族成员数量增加的作用($p<0.1$),也就是说,对于学习能力强的家族企业而言,行业内上市家族企业比例的提高会更加显著地增加该企业内掌握控制权的家族成员的数量。模型2的结果表明,学习能力对行业模仿与参与家族企业管理的家族成员数量之间的关系并无显著促进作用,这就意味着,学习能力的提升,并不会显著地加强行业内上市家族企业的比例与参与家族企业管理的家族成员数量变化之间的关系。模型3的结果显示,学习能力强的家族企业,随着行业内上市家族企业比例的提高,其企业内拥有股份的家族成员的数量会增加,然而学习能力的调节作用并不显著。

模型4、5、6检验了学习能力对地区模仿效应的调节作用。模型4显示,学习能力能够加强地区模仿对掌握控制权的家族成员数量增加的作用,但是这种作用并不显著。模型5的结果表明,学习能力对行业模仿与参与家族企业管理的家族成员数量增加间的关系有显著的促进作用($p<0.05$)。这就意味着,随着学习能力的提升,行业内上市家族企业比例对参与家族企业管理的家族成员数量增加的效应会被强化。模型6的结果显示,学习能力强的家族企业,随着行业内上市家族企业比例的提高,其企业内拥有股份的家族成员的数量会增加,但是这种调节作用并不显著。这就意味着,对于家族成员规模的变化而言,在行业模仿的效应方面,学习能力强的家族企业很可能通过增加掌握控制权的家族成员数量的方法来扩大家族成员规模;而在地区模仿的效应方面,学习能力强的家族企业则更可能通过增加参与家族企业管理的家族成员数量的方法来扩大家族成员规模。

表5-9 学习能力对行业模仿和地区模仿的调节效应

模型 变量	N_CON	N_MAN	N_SHA	N_CON	N_MAN	N_SHA
	模型1	模型2	模型3	模型4	模型5	模型6
主效应						
IND_IMI	0.966*** (0.338)	0.327 (0.218)	2.384*** (0.712)			

续　表

模型 变量	N_CON 模型 1	N_MAN 模型 2	N_SHA 模型 3	N_CON 模型 4	N_MAN 模型 5	N_SHA 模型 6
REG_IMI				0.538*** (0.195)	0.345*** (0.125)	0.391 (0.413)
调节效应						
IND_IMI×LA	0.646* (0.393)	0.299 (0.273)	0.773 (0.893)			
REG_IMI×LA				0.102 (0.244)	0.358** (0.156)	0.168 (0.516)
控制变量						
LA	−0.129*** (0.035)	−0.051** (0.023)	−0.013 (0.074)	−0.138*** (0.036)	−0.065*** (0.023)	−0.007 (0.076)
IND1	0.133 (0.435)	0.073 (0.281)	0.297 (0.917)	0.133 (0.437)	0.073 (0.280)	0.297 (0.926)
IND2	−0.001 (0.368)	0.049 (0.237)	0.046 (0.775)	−0.066 (0.368)	0.018 (0.236)	−0.103 (0.779)
IND3	−0.013 (0.360)	0.070 (0.232)	−0.071 (0.759)	−0.048 (0.360)	0.062 (0.231)	−0.158 (0.763)
IND4	0.064 (0.362)	0.022 (0.234)	0.171 (0.764)	0.010 (0.362)	0.005 (0.232)	0.019 (0.767)
IND5	0.099 (0.374)	0.041 (0.241)	0.075 (0.788)	0.094 (0.373)	0.040 (0.239)	−0.008 (0.791)
IND6	0.198 (0.364)	0.094 (0.235)	0.350 (0.767)	0.163 (0.364)	0.095 (0.233)	0.222 (0.770)
IND7	0.080 (0.371)	0.021 (0.239)	0.036 (0.783)	0.106 (0.372)	0.049 (0.238)	0.028 (0.787)
IND8	0.104 (0.359)	0.107 (0.232)	0.049 (0.758)	0.115 (0.360)	0.113 (0.230)	0.060 (0.762)
ROA_12	0.122 (0.108)	0 (0.070)	0.059 (0.227)	0.133 (0.108)	0.005 (0.069)	0.042 (0.228)
SIZE	0.078 (0.068)	0.081* (0.044)	−0.062 (0.144)	0.074 (0.068)	0.077* (0.044)	−0.047 (0.145)
LIFE	−0.008 (0.007)	−0.005 (0.005)	−0.010 (0.015)	−0.006 (0.007)	−0.004 (0.005)	−0.003 (0.015)
DEBT	0 (0.002)	0.001 (0.001)	−0.002 (0.005)	0 (0.002)	0.002 (0.001)	−0.001 (0.005)

续　表

模型 变量	N_CON	N_MAN	N_SHA	N_CON	N_MAN	N_SHA
	模型1	模型2	模型3	模型4	模型5	模型6
INDENP	0.020	0.071	−0.225	−0.197	−0.023	−0.410
	(0.893)	(0.576)	(1.883)	(0.898)	(0.576)	(1.903)
DIRECEO	−0.115	−0.163***	−0.081	−0.109	−0.154***	−0.070
	(0.072)	(0.046)	(0.151)	(0.072)	(0.046)	(0.152)
N_DIR	0.143	0.062	0.244	−0.033**	−0.015*	−0.064**
	(0.109)	(0.070)	(0.230)	(0.013)	(0.008)	(0.028)
N_TMT	−0.030**	−0.014	−0.054*	−0.005	−0.011	−0.022
	(0.013)	(0.009)	(0.028)	(0.012)	(0.008)	(0.026)
PYR	−0.007	−0.011	−0.025	0.180*	0.081	0.300
	(0.012)	(0.008)	(0.026)	(0.109)	(0.070)	(0.231)
_cons	控制	控制	控制	控制	控制	控制
Wald chi2	42.66***	33.77**	24.58	39.76***	43.61***	13.40
within R2	0.038 1	0.032 7	0.017 5	0.037 0	0.042 4	0.012 0
between R2	0.718 2	0.677 4	0.519 3	0.837 2	0.716 5	0.573 3
overall R2	0.045 5	0.036 4	0.026 8	0.042 6	0.046 5	0.014 8

注：*表示 $p<0.1$，**表示 $p<0.05$，***表示 $p<0.01$。

（2）基于家族权力变化的探讨

表5-10反映了行业模仿对家族权力变化的影响。模型1和模型2是对家族所掌握的控制权变化情况的讨论。模型2的结果显示,行业模仿水平的提高,能够有效地加深家族成员对企业控制权的掌握程度（$p<0.01$）。模型3和模型4是对家族所掌握的管理权变化情况的分析。模型4的结果表明,行业模仿对家族所掌握的管理权的增加没有显著的影响,这就意味着,家族成员所掌握的管理权并不会随着该行业内上市家族企业比例的提高而显著地增加。模型5和模型6是对家族所掌握的所有权变化情况的分析。模型6的结果显示,行业模仿水平的提高有利于家族成员增加企业的持股量（$p<0.05$）。

表 5-10 行业模仿对家族权力变化的影响

模型 变量	P_CON		P_MAN		P_SHA	
	模型 1	模型 2	模型 3	模型 4	模型 5	模型 6
IND_IMI		0.316***		0.065		0.894**
		(0.102)		(0.120)		(0.369)
IND1	0.022	0.028	0.012	0.014	−0.156	−0.139
	(0.132)	(0.132)	(0.155)	(0.155)	(0.478)	(0.476)
IND2	−0.018	0	0.024	0.028	−0.296	−0.245
	(0.112)	(0.111)	(0.131)	(0.131)	(0.403)	(0.403)
IND3	−0.027	−0.015	0.037	0.039	−0.294	−0.261
	(0.109)	(0.109)	(0.128)	(0.128)	(0.395)	(0.395)
IND4	−0.020	0.001	0.006	0.011	−0.280	−0.220
	(0.110)	(0.110)	(0.129)	(0.129)	(0.397)	(0.397)
IND5	−0.014	0.001	0.025	0.028	−0.166	−0.123
	(0.113)	(0.113)	(0.133)	(0.133)	(0.409)	(0.409)
IND6	−0.017	0.001	0.035	0.039	−0.154	−0.102
	(0.110)	(0.110)	(0.129)	(0.129)	(0.399)	(0.398)
IND7	0.045	0.051	0.013	0.014	−0.256	−0.240
	(0.113)	(0.112)	(0.132)	(0.132)	(0.408)	(0.407)
IND8	0.014	0.013	0.059	0.059	−0.151	−0.153
	(0.109)	(0.109)	(0.128)	(0.128)	(0.395)	(0.394)
ROA_12	0.048	0.053	−0.015	−0.014	0.074	0.089
	(0.033)	(0.033)	(0.038)	(0.038)	(0.118)	(0.118)
SIZE	0.002	−0.002	0.047*	0.046*	0.078	0.066
	(0.021)	(0.021)	(0.024)	(0.024)	(0.075)	(0.075)
LIFE	−0.002	−0.002	−0.001	−0.001	0.005	0.003
	(0.002)	(0.002)	(0.002)	(0.002)	(0.007)	(0.008)
DEBT	0	0	0.002**	0.002**	0	0
	(0.001)	(0.001)	(0.001)	(0.001)	(0.003)	(0.003)
INDENP	0.004	0.017	0.251	0.254	−0.687	−0.649
	(0.272)	(0.270)	(0.318)	(0.318)	(0.981)	(0.978)
DIRECEO	−0.017	−0.018	−0.145***	−0.146***	−0.053	−0.058
	(0.022)	(0.022)	(0.025)	(0.025)	(0.078)	(0.078)
PYR	0.036	0.032	0.017	0.016	0.262**	0.251**
	(0.033)	(0.033)	(0.039)	(0.039)	(0.119)	(0.119)
N_DIR	−0.007*	−0.005	−0.005	−0.005	−0.032**	−0.028*
	(0.004)	(0.004)	(0.005)	(0.005)	(0.015)	(0.015)

模型 变量	P_CON		P_MAN		P_SHA	
	模型1	模型2	模型3	模型4	模型5	模型6
N_TMT	−0.003	−0.003	−0.004	−0.004	−0.015	−0.016
	(0.004)	(0.004)	(0.004)	(0.004)	(0.013)	(0.013)
_cons	0.041	−0.028	−0.370	−0.384	−0.402	−0.597
	(0.204)	(0.205)	(0.239)	(0.240)	(0.738)	(0.740)
Wald chi2	14.04	23.74	45.72***	45.98***	18.35	24.30
within R2	0.017 5	0.018 9	0.047 4	0.047 8	0.019 4	0.020 9
between R2	0.624 9	0.577 0	0.632 2	0.273 7	0.107 4	0.524 9
overall R2	0.015 4	0.025 8	0.048 5	0.048 8	0.020 0	0.026 4

注：* 表示 $p<0.1$，** 表示 $p<0.05$，*** 表示 $p<0.01$。

表 5-11 反映了地区模仿对家族权力变化的影响。模型 1 和模型 2 是对家族所掌握的控制权变化情况的讨论。模型 2 的结果显示，地区模仿水平的提升，能够有效地加深家族成员对企业控制权的掌握程度（$p<0.01$）。模型 3 和模型 4 是基于家族所掌握的管理权变化情况的分析。模型 4 的结果表明，地区模仿对家族所掌握的管理权的增加也没有显著的影响，这就意味着，家族成员所掌握的企业管理权，也不会随着该地区上市家族企业比例的提高而显著地增加。模型 5 和模型 6 是对家族所掌握的所有权变化情况的分析。模型 6 的结果表明，地区模仿水平的提高有利于家族成员增加企业股权的持有量（$p<0.05$）。

表 5-11　地区模仿对家族权力变化的影响

模型 变量	P_CON		P_MAN		P_SHA	
	模型1	模型2	模型3	模型4	模型5	模型6
REG_IMI		0.173***		0.042		0.446**
		(0.058)		(0.069)		(0.211)
IND1	0.022	0.051	0.012	0.019	−0.156	−0.082
	(0.132)	(0.132)	(0.155)	(0.155)	(0.478)	(0.478)
IND2	−0.018	−0.025	0.024	0.022	−0.296	−0.313
	(0.112)	(0.111)	(0.131)	(0.131)	(0.403)	(0.403)
IND3	−0.027	−0.032	0.037	0.036	−0.294	−0.306
	(0.109)	(0.109)	(0.128)	(0.128)	(0.395)	(0.395)

续　表

模型 变量	P_CON		P_MAN		P_SHA	
	模型 1	模型 2	模型 3	模型 4	模型 5	模型 6
IND4	−0.020	−0.023	0.006	0.006	−0.280	−0.288
	(0.110)	(0.110)	(0.129)	(0.129)	(0.397)	(0.397)
IND5	−0.014	−0.010	0.025	0.026	−0.166	−0.155
	(0.113)	(0.113)	(0.133)	(0.133)	(0.409)	(0.409)
IND6	−0.017	−0.015	0.035	0.035	−0.154	−0.148
	(0.110)	(0.110)	(0.129)	(0.129)	(0.399)	(0.398)
IND7	0.045	0.051	0.013	0.014	−0.256	−0.240
	(0.113)	(0.112)	(0.132)	(0.132)	(0.408)	(0.407)
IND8	0.014	0.012	0.059	0.059	−0.151	−0.156
	(0.109)	(0.109)	(0.128)	(0.128)	(0.395)	(0.394)
ROA_12	0.048	0.053	−0.015	−0.014	0.074	0.088
	(0.033)	(0.033)	(0.038)	(0.038)	(0.118)	(0.118)
SIZE	0.002	−0.002	0.047^*	0.046^*	0.078	0.067
	(0.021)	(0.021)	(0.024)	(0.024)	(0.075)	(0.075)
LIFE	−0.002	−0.001	−0.001	−0.001	0.005	0.006
	(0.002)	(0.002)	(0.002)	(0.002)	(0.007)	(0.008)
DEBT	0	0	0.002^{**}	0.002^{**}	0	0.001
	(0.001)	(0.001)	(0.001)	(0.001)	(0.003)	(0.003)
INDENP	0.004	−0.060	0.251	0.236	−0.687	−0.851
	(0.272)	(0.271)	(0.318)	(0.319)	(0.981)	(0.982)
DIRECEO	−0.017	−0.015	$−0.145^{***}$	$−0.145^{***}$	−0.053	−0.050
	(0.022)	(0.022)	(0.025)	(0.025)	(0.078)	(0.078)
PYR	0.036	0.042	0.017	0.018	0.262^{**}	0.277^{**}
	(0.033)	(0.033)	(0.039)	(0.039)	(0.119)	(0.119)
N_DIR	$−0.007^*$	−0.006	−0.005	−0.005	$−0.032^{**}$	$−0.030^{**}$
	(0.004)	(0.004)	(0.005)	(0.005)	(0.015)	(0.015)
N_TMT	−0.003	−0.003	−0.004	−0.004	0.015	−0.015
	(0.004)	(0.004)	(0.004)	(0.004)	(0.013)	(0.013)
_cons	0.041	0.010	−0.370	−0.377	−0.402	−0.481
	(0.204)	(0.204)	(0.239)	(0.239)	(0.738)	(0.737)
Wald chi2	14.04	22.95	45.72^{***}	46.07^{***}	18.35	22.87
within R2	0.017 5	0.020 5	0.047 4	0.047 8	0.019 4	0.020 7
between R2	0.624 9	0.573 8	0.632 2	0.413 4	0.107 4	0.611 0
overall R2	0.015 4	0.025 0	0.048 5	0.048 9	0.020 0	0.024 9

注：* 表示 $p<0.1$，** 表示 $p<0.05$，*** 表示 $p<0.01$。

随后,进一步检验学习能力对行业模仿、地区模仿效用的调节作用。表 5-12 的模型 1、2、3 检验了学习能力对行业模仿效应的调节作用。模型 1 显示学习能力与行业模仿的交互效用为负,但是效果并不显著。模型 2 的结果表明,学习能力对行业模仿与家族所掌握的管理权之间的关系并无显著促进作用,这就意味着,学习能力的提升,并不会显著地加深行业中上市家族企业的比例与家族所掌握的管理权间的关系。模型 3 的结果表明,学习能力与行业模仿的交互效应显著为正。这就是说,对于学习能力强的家族企业而言,家族所掌握的企业股份数会随着行业内上市家族企业比例的提高而显著增加,此时学习能力具有显著的调节作用。

模型 4、5、6 检验了学习能力对地区模仿效应的调节作用。模型 4 显示,学习能力能够提升地区模仿对家族所掌握的控制权的作用,但是这种作用并不显著。模型 5 的结果表明,学习能力对地区模仿与家族所掌握的管理权间的关系有显著的促进作用($p < 0.1$),这就意味着,随着学习能力的提升,地区中上市家族企业比例的提高对家族所掌握的管理权增加的效应会强化。模型 6 的结果显示,在学习能力强的家族企业内,地区中家族企业比例的提高对家族所掌握的企业股份数的增加有正向作用,但是这种调节作用并不显著。也就是说,对于家族权力的变化而言,在行业模仿的效应方面,学习能力强的家族企业很可能通过增加家族股权的持有量这一方法来加强家族权力;而在地区模仿的效应方面,学习能力强的家族企业则更可能通过增加家族所掌握的管理权的方法来加强家族权力。

表 5-12　学习能力的调节作用

模型 变量	P_CON 模型 1	P_MAN 模型 2	P_SHA 模型 3	P_CON 模型 4	P_MAN 模型 5	P_SHA 模型 6
主效应						
IND_IMI	0.335*** (0.102)	0.093 (0.120)	0.942** (0.369)			
REG_IMI				0.194*** (0.059)	0.072 (0.069)	0.511** (0.213)
调节效应						
IND_IMI×LA	−0.189 (0.128)	0.059 (0.150)	1.241*** (0.462)			

续　表

模型 变量	P_CON 模型 1	P_MAN 模型 2	P_SHA 模型 3	P_CON 模型 4	P_MAN 模型 5	P_SHA 模型 6
REG_IMI×LA				0.005 (0.074)	0.153* (0.086)	0.231 (0.267)
控制变量						
LA	−0.024** (0.011)	−0.038*** (0.012)	−0.078** (0.038)	−0.026** (0.011)	−0.042*** (0.013)	−0.089** (0.039)
IND1	0.044 (0.132)	0.042 (0.154)	−0.070 (0.475)	0.044 (0.132)	0.042 (0.155)	−0.070 (0.479)
IND2	0.019 (0.111)	0.053 (0.131)	−0.207 (0.402)	−0.009 (0.111)	0.044 (0.130)	−0.265 (0.403)
IND3	−0.003 (0.109)	0.053 (0.128)	−0.251 (0.393)	−0.023 (0.109)	0.052 (0.127)	−0.272 (0.394)
IND4	0.020 (0.110)	0.031 (0.129)	−0.208 (0.396)	−0.010 (0.109)	0.025 (0.128)	−0.244 (0.396)
IND5	0.026 (0.113)	0.053 (0.133)	−0.118 (0.408)	0.009 (0.113)	0.049 (0.132)	−0.102 (0.409)
IND6	0.021 (0.110)	0.065 (0.129)	−0.062 (0.397)	0.003 (0.110)	0.065 (0.129)	−0.085 (0.398)
IND7	0.071 (0.112)	0.035 (0.132)	−0.227 (0.405)	0.068 (0.112)	0.043 (0.132)	−0.181 (0.407)
IND8	0.028 (0.109)	0.075 (0.128)	−0.142 (0.392)	0.024 (0.109)	0.077 (0.127)	−0.118 (0.394)
ROA_12	0.059* (0.033)	−0.011 (0.038)	0.074 (0.118)	0.056* (0.033)	−0.012 (0.038)	0.094 (0.118)
SIZE	−0.001 (0.021)	0.051** (0.024)	0.085 (0.075)	0.001 (0.021)	0.051** (0.024)	0.077 (0.075)
LIFE	−0.004* (0.002)	−0.004 (0.003)	−0.001 (0.008)	−0.003 (0.002)	−0.003 (0.003)	0.002 (0.008)
DEBT	0 (0.001)	0.002** (0.001)	0 (0.003)	0 (0.001)	0.002** (0.001)	0.001 (0.003)
INDENP	−0.014 (0.270)	0.195 (0.317)	−0.804 (0.975)	−0.107 (0.272)	0.185 (0.318)	−0.975 (0.983)
DIRECEO	−0.017 (0.022)	−0.140*** (0.025)	−0.037 (0.078)	−0.012 (0.022)	−0.137*** (0.025)	−0.034 (0.079)
PYR	−0.005 (0.004)	−0.005 (0.005)	−0.028* (0.014)	−0.006 (0.004)	−0.006 (0.005)	−0.031** (0.015)

续 表

模型 变量	P_CON	P_MAN	P_SHA	P_CON	P_MAN	P_SHA
	模型 1	模型 2	模型 3	模型 4	模型 5	模型 6
N_DIR	−0.003	−0.005	−0.019	−0.003	−0.005	−0.016
	(0.004)	(0.004)	(0.013)	(0.004)	(0.004)	(0.013)
N_TMT	0.028	0.005	0.216*	0.036	0.010	0.258**
	(0.033)	(0.039)	(0.119)	(0.033)	(0.039)	(0.119)
_cons	控 制	控 制	控 制	控 制	控 制	控 制
Wald chi2	30.99*	55.53***	35.91*	28.92*	59.24***	28.36*
within R2	0.026 6	0.057 6	0.033 2	0.026 6	0.061 0	0.026 2
between R2	0.593 1	0.187 6	0.515 2	0.593 4	0.278 9	0.638 3
overall R2	0.033 5	0.058 5	0.038 6	0.031 3	0.062 1	0.030 8

注：* 表示 $p<0.1$，** 表示 $p<0.05$，*** 表示 $p<0.01$。

5.3 制度环境的效果分析

本部分将检验制度环境和组织认同对家族企业治理结构演变的影响。首先分析制度环境对企业治理结构中四个维度变化情况的影响；其次按照组织认同的内涵，分别验证家族认同和企业认同对上述影响的调节作用，具体而言，就是家族认同和企业认同对制度环境与家族企业中家族成员规模、家族权力、家族亲缘关系和家族意图间关系所产生的影响；最后在稳健性检验中，验证制度环境对企业内部掌握控制权的家族成员数量、参与家族企业管理的家族成员数量及家族股东数量变化的影响。

5.3.1 对制度环境与家族企业治理结构演变的分析

表 5-13 反映了制度环境对企业治理结构演变的影响。模型 2 的结果表明，制度环境的改善显著地不利于家族成员规模的扩大（$p<0.05$）；模型 4 的结果表明，制度环境的改善显著地不利于家族权力的增加（$p<0.1$）；模型 6 的结果表明，制度环境的改善使企业内家族成员亲缘关系的亲密程度降低（$p<0.1$）；模型 8 的结果表明，制度环境的改善显著地不利于家族将企业传承给家族后代（$p<0.01$）。

表 5-13 制度环境对家族企业治理结构演变的影响

变量\模型	FAM_SIZE		FAM_POW		FAM_KIN		FAM_INT	
	模型 1	模型 2	模型 3	模型 4	模型 5	模型 6	模型 7	模型 8
MA		-0.026^{**} (0.013)		-0.056^{*} (0.032)		-0.018^{*} (0.010)		-0.013^{***} (0.004)
FI	0.210^{***} (0.033)	0.217^{***} (0.033)	0.417^{***} (0.083)	0.432^{***} (0.083)	0.205^{***} (0.027)	0.210^{***} (0.027)	-0.158^{***} (0.011)	-0.154^{***} (0.011)
CI	-0.007 (0.022)	-0.007 (0.022)	0.016 (0.055)	0.015 (0.055)	-0.123^{***} (0.018)	-0.123^{***} (0.018)	0.179^{***} (0.007)	0.179^{***} (0.007)
IND1	-0.149 (0.445)	-0.125 (0.444)	-0.147 (1.118)	-0.095 (1.117)	-0.264 (0.362)	-0.247 (0.361)	0.015 (0.148)	0.028 (0.147)
IND2	-0.183 (0.378)	-0.139 (0.378)	-0.279 (0.950)	-0.182 (0.951)	-0.224 (0.307)	-0.193 (0.308)	-0.152 (0.125)	-0.128 (0.125)
IND3	-0.135 (0.369)	-0.111 (0.369)	-0.110 (0.928)	-0.058 (0.927)	-0.087 (0.300)	-0.071 (0.300)	-0.063 (0.122)	-0.050 (0.122)
IND4	-0.121 (0.370)	-0.094 (0.370)	0.016 (0.931)	0.074 (0.931)	-0.055 (0.301)	-0.036 (0.301)	-0.061 (0.123)	-0.047 (0.122)
IND5	-0.164 (0.382)	-0.183 (0.381)	-0.234 (0.960)	-0.277 (0.959)	-0.114 (0.310)	-0.128 (0.310)	-0.084 (0.127)	-0.094 (0.126)
IND6	-0.252 (0.372)	-0.247 (0.371)	-0.249 (0.934)	-0.236 (0.933)	-0.174 (0.302)	-0.170 (0.302)	-0.135 (0.123)	-0.132 (0.123)
IND7	-0.200 (0.380)	-0.162 (0.380)	-0.280 (0.956)	-0.199 (0.956)	-0.219 (0.309)	-0.194 (0.309)	-0.103 (0.126)	-0.084 (0.126)

续　表

变量\模型	FAM_SIZE		FAM_POW		FAM_KIN		FAM_INT	
	模型 1	模型 2	模型 3	模型 4	模型 5	模型 6	模型 7	模型 8
IND8	-0.267 (0.369)	-0.225 (0.369)	-0.533 (0.927)	-0.442 (0.928)	-0.195 (0.300)	-0.166 (0.300)	-0.073 (0.122)	-0.051 (0.122)
ROA_12	-0.128 (0.110)	-0.123 (0.110)	-0.304 (0.277)	-0.293 (0.276)	-0.065 (0.089)	-0.062 (0.089)	-0.056 (0.037)	-0.054 (0.036)
SIZE	-0.126* (0.072)	-0.107 (0.072)	-0.387** (0.180)	-0.347* (0.181)	0.008 (0.058)	0.020 (0.059)	-0.040* (0.024)	-0.031 (0.024)
LIFE	0.012* (0.007)	0.011 (0.007)	0.027 (0.018)	0.026 (0.018)	0.008 (0.006)	0.007 (0.006)	0.002 (0.002)	0.001 (0.002)
DEBT	0 (0.002)	0 (0.002)	-0.006 (0.006)	-0.006 (0.006)	0 (0.002)	0 (0.002)	0 (0.001)	0 (0.001)
INDENP	0.376 (0.916)	0.579 (0.920)	1.056 (2.304)	1.497 (2.315)	0.490 (0.745)	0.630 (0.749)	-0.072 (0.304)	0.033 (0.304)
DIRECEO	0.031 (0.074)	0.047 (0.074)	0.469** (0.186)	0.503*** (0.186)	0.023 (0.060)	0.034 (0.060)	-0.060** (0.025)	-0.051** (0.025)
PYR	-0.120 (0.113)	-0.136 (0.113)	-0.246 (0.283)	-0.280 (0.283)	0.003 (0.092)	-0.007 (0.092)	-0.021 (0.037)	-0.029 (0.037)
N_DIR	0.035*** (0.013)	0.032** (0.014)	0.082** (0.034)	0.075** (0.034)	0.005 (0.011)	0.003 (0.011)	0.010** (0.004)	0.009* (0.004)
N_TMT	0.021 (0.013)	0.021* (0.013)	0.076** (0.032)	0.077** (0.032)	0.008 (0.010)	0.008 (0.010)	0.008* (0.004)	0.008* (0.004)

续　表

变量＼模型	FAM_SIZE		FAM_POW		FAM_KIN		FAM_INT	
	模型 1	模型 2	模型 3	模型 4	模型 5	模型 6	模型 7	模型 8
_cons	0.647	0.699	2.087	2.199	−0.273	−0.309	0.349	0.376
	(0.697)	(0.696)	(1.752)	(1.751)	(0.567)	(0.567)	(0.231)	(0.230)
Wald chi2	0.067 1	0.066 3	0.062 5	0.062 1	0.093 1	0.094 0	0.451 7	0.453 3
within R2	0.003 2	0.760 5	0.092 9	0.651 5	0.506 5	0.608 6	0.828 2	0.892 0
between R2	0.066 3	0.070 6	0.062 5	0.065 7	0.091 0	0.088 0	0.453 6	0.459 7
overall R2	63.58***	67.91***	59.68***	62.87***	89.53***	86.37***	74.39***	76.07***

注：* 表示 $p < 0.1$，** 表示 $p < 0.05$，*** 表示 $p < 0.01$。

5.3.2 组织认同的调节作用

本部分将探讨组织认同对制度环境与家族企业治理结构演变间关系的调节作用。具体而言,首先验证组织认同中的家族认同维度的调节作用;其次,验证组织认同中的企业认同维度的调节作用;最后,进行全模型验证。

(1)家族认同的调节作用

表 5-14 是对制度环境、家族认同与企业治理结构演变间的关系进行全模型分析后得到的结果。模型 1 的结果表明,家族认同水平越高,制度环境与企业内家族成员规模扩大之间的负关系越不显著($p<0.1$);模型 2 的结果表明,家族认同会减弱制度环境与家族权力增加间的负关系($p<0.1$);模型 4 的结果表明,家族认同也会减弱制度环境与家族意图之间的负关系($p<0.01$)。

表 5-14 家族认同的调节作用

模型 变量	FAM_SIZE 模型 1	FAM_POW 模型 2	FAM_KIN 模型 3	FAM_INT 模型 4
主效应				
MA	-0.026^{**} (0.013)	-0.056^{*} (0.032)	-0.018^{*} (0.010)	-0.014^{***} (0.004)
调节效应				
MA×FI	0.014^{*} (0.008)	0.040^{*} (0.024)	0.001 (0.008)	0.011^{***} (0.003)
控制项				
FI	0.213^{***} (0.033)	0.420^{***} (0.083)	0.210^{***} (0.027)	-0.151^{***} (0.011)
CI	-0.002 (0.022)	0.030 (0.055)	-0.123^{***} (0.018)	0.175^{***} (0.007)
IND1	-0.156 (0.444)	-0.188 (1.118)	-0.245 (0.362)	0.053 (0.146)
IND2	-0.140 (0.378)	-0.186 (0.950)	-0.193 (0.308)	-0.127 (0.124)
IND3	-0.122 (0.368)	-0.091 (0.926)	-0.070 (0.300)	-0.041 (0.121)

模型 变量	FAM_SIZE 模型 1	FAM_POW 模型 2	FAM_KIN 模型 3	FAM_INT 模型 4
IND4	−0.097 (0.370)	0.066 (0.930)	−0.036 (0.301)	−0.045 (0.122)
IND5	−0.207 (0.381)	−0.346 (0.959)	−0.126 (0.311)	−0.075 (0.125)
IND6	−0.255 (0.371)	−0.261 (0.933)	−0.170 (0.302)	−0.126 (0.122)
IND7	−0.178 (0.380)	−0.244 (0.956)	−0.193 (0.310)	−0.072 (0.125)
IND8	−0.235 (0.369)	−0.472 (0.927)	−0.165 (0.300)	−0.043 (0.121)
ROA_12	−0.127 (0.110)	−0.304 (0.276)	−0.062 (0.089)	−0.051 (0.036)
SIZE	−0.109 (0.072)	−0.353* (0.181)	0.021 (0.059)	−0.029 (0.024)
LIFE	0.010 (0.007)	0.023 (0.018)	0.007 (0.006)	0.002 (0.002)
DEBT	0 (0.002)	−0.006 (0.006)	0 (0.002)	0 (0.001)
INDENP	0.499 (0.921)	1.262 (2.317)	0.635 (0.751)	0.097 (0.303)
DIRECEO	0.046 (0.074)	0.503*** (0.186)	0.034 (0.060)	−0.051** (0.024)
PYR	−0.136 (0.113)	−0.282 (0.283)	−0.007 (0.092)	−0.029 (0.037)
N_DIR	0.033** (0.014)	0.077** (0.034)	0.003 (0.011)	0.008* (0.004)
N_TMT	0.022* (0.013)	0.078** (0.032)	0.008 (0.010)	0.008* (0.004)
_cons	0.731 (0.696)	2.294 (1.751)	−0.275 (0.567)	0.350 (0.229)
Wald chi2	0.068 1	0.064 9	0.093 1	0.460 5
within R2	0.780 1	0.628 7	0.507 4	0.906 1
between R2	0.072 7	0.068 5	0.091 0	0.466 7
overall R2	69.98***	65.68***	89.44***	78.14***

注：* 表示 $p < 0.1$，** 表示 $p < 0.05$，*** 表示 $p < 0.01$。

（2）企业认同的调节作用

表5-15是对制度环境、企业认同与企业治理结构演变间的关系进行全模型分析后得到的结果。模型1的结果表明，企业认同水平越高，制度环境与企业内家族成员规模扩大之间的负关系越显著（$p<0.05$）；模型2的结果表明，企业认同会增强制度环境与家族权力增加间的负关系（$p<0.05$）；模型3的结果表明，企业认同也会强化制度环境与企业内家族成员亲缘关系之间的负关系（$p<0.1$）；模型4的结果表明，企业认同会减弱制度环境与家族意图之间的负关系（$p<0.05$）。

表 5-15　企业认同的调节作用

模型 变量	FAM_SIZE 模型 1	FAM_POW 模型 2	FAM_KIN 模型 3	FAM_INT 模型 4
主效应				
MA	-0.030^{**} (0.013)	-0.064^{**} (0.032)	-0.020^{*} (0.011)	-0.012^{***} (0.004)
调节效应				
MA×CI	-0.034^{**} (0.014)	-0.072^{**} (0.035)	-0.018^{*} (0.010)	0.011^{**} (0.005)
控制项				
FI	0.229^{***} (0.033)	0.458^{***} (0.084)	0.216^{***} (0.027)	-0.158^{***} (0.011)
CI	-0.010 (0.022)	0.009 (0.055)	-0.125^{***} (0.018)	0.180^{***} (0.007)
IND1	-0.234 (0.445)	-0.324 (1.121)	-0.303 (0.363)	0.062 (0.147)
IND2	-0.176 (0.377)	-0.260 (0.950)	-0.212 (0.308)	-0.117 (0.125)
IND3	-0.180 (0.369)	-0.204 (0.928)	-0.107 (0.301)	-0.028 (0.122)
IND4	-0.142 (0.369)	-0.026 (0.931)	-0.061 (0.301)	-0.032 (0.122)
IND5	-0.253 (0.381)	-0.422 (0.960)	-0.164 (0.311)	-0.072 (0.126)
IND6	-0.319 (0.371)	-0.388 (0.935)	-0.208 (0.303)	-0.109 (0.123)

续　表

模型 变量	FAM_SIZE 模型 1	FAM_POW 模型 2	FAM_KIN 模型 3	FAM_INT 模型 4
IND7	−0.199 (0.379)	−0.275 (0.955)	−0.212 (0.309)	−0.073 (0.126)
IND8	−0.276 (0.368)	−0.549 (0.927)	−0.193 (0.300)	−0.035 (0.122)
ROA_12	−0.126 (0.110)	−0.301 (0.276)	−0.064 (0.089)	−0.053 (0.036)
SIZE	−0.107 (0.072)	−0.347* (0.181)	0.021 (0.059)	−0.031 (0.024)
LIFE	0.010 (0.007)	0.023 (0.018)	0.007 (0.006)	0.002 (0.002)
DEBT	0 (0.002)	−0.006 (0.006)	0 (0.002)	0 (0.001)
INDENP	0.388 (0.921)	1.098 (2.319)	0.532 (0.751)	0.094 (0.305)
DIRECEO	0.042 (0.074)	0.494*** (0.186)	0.032 (0.060)	−0.050** (0.024)
PYR	−0.138 (0.112)	−0.285 (0.283)	−0.009 (0.092)	−0.029 (0.037)
N_DIR	0.035*** (0.014)	0.081** (0.034)	0.005 (0.011)	0.008* (0.004)
N_TMT	0.021* (0.013)	0.077** (0.032)	0.008 (0.010)	0.008* (0.004)
_cons	0.772 (0.695)	2.351 (1.750)	−0.236 (0.567)	0.352 (0.230)
Wald chi2	0.071 8	0.066 0	0.095 2	0.457 0
within R2	0.809 7	0.642 6	0.353 2	0.893 6
between R2	0.076 8	0.070 0	0.093 5	0.463 0
overall R2	74.28***	67.22***	92.06***	77.08***

注：* 表示 $p < 0.1$，** 表示 $p < 0.05$，*** 表示 $p < 0.01$。

5.3.3 制度环境、家族认同与企业认同效果的全模型分析

表 5-16 是对制度环境、组织认同与企业治理结构演变间的关系进行全模型分析后得到的结果。模型 1 的结果表明，企业认同水平越高，制度

环境与企业内家族成员规模扩大之间的负关系越显著（$p<0.05$）；模型 2 的结果表明，企业认同会增强制度环境与家族权力增加间的负关系（$p<0.1$）；模型 3 的结果表明，企业认同也会强化制度环境与企业内家族成员亲缘关系之间的负关系（$p<0.1$）；模型 4 的结果表明，家族认同会减弱制度环境与家族意图之间的负关系（$p<0.01$）。

表 5-16　制度环境、家族认同与企业认同的全模型

模型 变量	FAM_SIZE	FAM_POW	FAM_KIN	FAM_INT
	模型 1	模型 2	模型 3	模型 4
主效应				
MA	-0.029^{**}	-0.062^{*}	-0.020^{*}	-0.013^{***}
	(0.013)	(0.033)	(0.011)	(0.004)
调节效应				
MA×FI	0.005	0.024	0.007	0.009^{***}
	(0.010)	(0.026)	(0.009)	(0.003)
MA×CI	-0.031^{**}	-0.058^{*}	-0.022^{*}	0.005
	(0.015)	(0.035)	(0.012)	(0.005)
控制项				
FI	0.226^{***}	0.446^{***}	0.220^{***}	-0.153^{***}
	(0.034)	(0.085)	(0.028)	(0.011)
CI	-0.008	0.019	-0.127^{***}	0.176^{***}
	(0.022)	(0.056)	(0.018)	(0.007)
IND1	-0.237	-0.335	-0.300	0.067
	(0.445)	(1.121)	(0.363)	(0.147)
IND2	-0.173	-0.247	-0.215	-0.122
	(0.377)	(0.950)	(0.308)	(0.124)
IND3	-0.179	-0.196	-0.109	-0.032
	(0.369)	(0.928)	(0.301)	(0.122)
IND4	-0.139	-0.011	-0.065	-0.038
	(0.370)	(0.931)	(0.301)	(0.122)
IND5	-0.256	-0.435	-0.160	-0.067
	(0.381)	(0.960)	(0.311)	(0.126)
IND6	-0.316	-0.373	-0.212	-0.115
	(0.371)	(0.935)	(0.303)	(0.122)
IND7	-0.201	-0.287	-0.209	-0.068
	(0.379)	(0.955)	(0.309)	(0.125)

续　表

模型 / 变量	FAM_SIZE	FAM_POW	FAM_KIN	FAM_INT
	模型 1	模型 2	模型 3	模型 4
IND8	−0.276	−0.547	−0.193	−0.036
	(0.368)	(0.928)	(0.300)	(0.121)
ROA_12	−0.127	−0.306	−0.062	−0.051
	(0.110)	(0.276)	(0.089)	(0.036)
SIZE	−0.108	−0.350*	0.022	−0.029
	(0.072)	(0.181)	(0.059)	(0.024)
LIFE	0.010	0.022	0.007	0.002
	(0.007)	(0.018)	(0.006)	(0.002)
DEBT	0	−0.006	0	0
	(0.002)	(0.006)	(0.002)	(0.001)
INDENP	0.375	1.034	0.550	0.118
	(0.922)	(2.321)	(0.752)	(0.304)
DIRECEO	0.042	0.495***	0.031	−0.051**
	(0.074)	(0.186)	(0.060)	(0.024)
PYR	−0.138	−0.285	−0.009	−0.029
	(0.112)	(0.283)	(0.092)	(0.037)
N_DIR	0.035***	0.081**	0.005	0.008*
	(0.014)	(0.034)	(0.011)	(0.004)
N_TMT	0.021*	0.077**	0.008	0.008*
	(0.013)	(0.032)	(0.010)	(0.004)
_cons	0.777	2.379	−0.244	0.342
	(0.695)	(1.750)	(0.567)	(0.229)
Wald chi2	0.072 0	0.066 9	0.095 9	0.461 3
within R2	0.810 8	0.629 7	0.359 8	0.905 1
between R2	0.077 0	0.070 9	0.094 1	0.467 4
overall R2	74.44***	68.02***	92.67***	78.27***

注：* 表示 $p<0.1$，** 表示 $p<0.05$，*** 表示 $p<0.01$。

5.3.4 稳健性检验

在接下来的稳健性检验部分，主要探讨制度环境对家族成员规模的变化产生作用的具体机制。

本部分在对家族成员规模的变化进行分析后发现（表 5-17）：制度环境对家族企业内掌握控制权的家族成员数量的增加有显著的负影响（p

<0.1),这就意味着,制度环境的改善将显著地不利于企业内掌握控制权的家族成员数量的增加,反而使企业可能会有更多的家族外部控制者;制度环境对参与家族企业管理的家族成员与家族股东数量的增加具有负影响,但并不显著。这就是说,制度环境的改善主要通过增加家族外部控制者数量以影响家族企业治理结构的演变来体现。

表 5-17 制度环境与家族成员规模间的关系

模型 变量	N_CON	N_MAN	N_SHA
	模型 1	模型 2	模型 3
MA	-0.022^* (0.012)	-0.012 (0.007)	-0.031 (0.027)
FI	0.206^{***} (0.032)	0.052^{**} (0.021)	0.134^{**} (0.068)
CI	-0.015 (0.021)	-0.002 (0.014)	-0.034 (0.045)
IND1	0.095 (0.429)	0.040 (0.280)	0.251 (0.919)
IND2	0.118 (0.365)	0.050 (0.239)	0.040 (0.782)
IND3	0.091 (0.356)	0.081 (0.233)	-0.048 (0.763)
IND4	0.091 (0.358)	0.009 (0.234)	0.104 (0.766)
IND5	0.188 (0.368)	0.056 (0.241)	0.133 (0.789)
IND6	0.232 (0.359)	0.084 (0.234)	0.320 (0.768)
IND7	0.143 (0.367)	0.016 (0.240)	0.055 (0.787)
IND8	0.233 (0.356)	0.122 (0.233)	0.149 (0.763)
ROA_12	0.140 (0.106)	0.003 (0.069)	0.053 (0.227)
SIZE	0.098 (0.070)	0.079^* (0.045)	0.002 (0.149)
LIFE	-0.008 (0.007)	-0.004 (0.005)	-0.011 (0.015)

续　表

模型 变量	N_CON 模型 1	N_MAN 模型 2	N_SHA 模型 3
DEBT	0 (0.002)	0.002 (0.001)	−0.001 (0.005)
INDENP	−0.532 (0.890)	−0.086 (0.581)	−0.886 (1.905)
DIRECEO	−0.077 (0.072)	−0.161*** (0.047)	−0.041 (0.153)
PYR	0.107 (0.109)	0.064 (0.071)	0.210 (0.233)
N_DIR	−0.032** (0.013)	−0.014 (0.009)	−0.061** (0.028)
N_TMT	−0.019 (0.012)	−0.014* (0.008)	−0.034 (0.026)
_cons	−0.598 (0.673)	−0.613 (0.439)	0.364 (1.441)
Wald chi2	0.065 3	0.033 4	0.017 6
within R2	0.707 1	0.872 8	0.613 5
between R2	0.068 9	0.036 6	0.021 3
overall R2	66.14***	33.98**	19.50***

注：* 表示 $p < 0.1$，** 表示 $p < 0.05$，*** 表示 $p < 0.01$。

第6章 结论与展望

6.1 研究结论

许多世界知名的优秀企业都曾长期保持家族制这种企业管理模式，美国学者盖尔西克就在《家族企业的繁衍》一书中明确地指出："世界范围内 80％以上的企业属于家族企业。"作为世界五百强企业之首的沃尔玛公司，在相当长的时期内都是由沃尔玛家族的成员负责其日常运营活动的。当然，也有很多家族企业在发展的过程中，碰到了一些家族权力分割方面的问题，进而导致企业的发展受阻，甚至破产。这种情况引发了一些学者对家族式管理与企业成长的关系的思考，他们致力于解答诸如以下问题：家族管理与家族权力在家族企业的发展历程中究竟扮演着什么样的角色？

有些学者认为，家族权力能够有力地推动家族企业的发展。他们认为，在家族企业的发展过程中不断得到强化的家族权力，确实有利于激发家族成员的工作积极性，提高组织执行力，从而有效地改进企业的运作效率。(Holland et al.，1984；Deangelo et al.，1985；李新春，1998；唐清泉，2002；王明琳等，2006)也有学者提出了相反的观点，他们认为，从企业长久发展的角度看，过于强化家族权力反倒不利于企业的持续发展，特别是在那些已经成立了一段时间的企业中，仍不断强化创始人及创业家族的管理权威，会严重影响企业的长期稳定发展。(Morck et al.，1988)

以上学者，从不同的角度对家族权力与企业发展的关系进行了有益的探讨，但是这些研究缺乏对情景要素的讨论，进而导致了不同的学者往往仅从一个侧面出发，赞成或者反对家族企业中家族权力的加强。近些年来,一些学者在研究这一问题时将企业的发展阶段这一情景要素加入研究中,发现在不同的阶段,家族权力对企业的效率有着方向不同甚至方向相反的作用与影响。Anderson et al.(2003)与贺小刚等(2009)分别对美国与中国家族企业中的家族权力配置与企业发展之间的关系进行了更加深入的研究,尽管针对的是不同文化背景与经济发展阶段的国家的家族企业,但他们都得到了类似的结论:首先,在创业初期,适当地强化家族权力,的的确确能够帮助企业降低决策成本与交易费用,提升决策效率,并最大限度地发挥出企业人力资本的作用。其次,在家族企业逐渐发展成熟,进入稳定发展阶段时,过于强化家族权力会产生相反的效果,即在此阶段,仍然通过纳入家族成员、增加企业管理岗位中家族成员的数量、继续由家族成员分享企业的控制权等方式,不断地增加家族在企业中的权力与加深"家族化"的程度,往往会导致企业的运营效率降低、成本上升,并且会对企业治理效率造成非常显著的负面影响。

很多学者已经对家族权力在家族企业的配置及其导致的效率问题进行了大量的探讨与研究,对权力配置机制和配置效率等相关问题的认识也已非常深入,但是在家族企业这一研究领域中,还有一些非常重要的问题,尚未得到很好的解答,需要学者给予更多的关注。如家族权力配置过程的前置性因素究竟是什么?当前的研究常常关注于家族企业的权力配置过程及其对企业产生的影响,但是这些研究探讨的仅仅是家族权力配置的"果",忽视了导致这种配置出现的"因"。实际上,我们对究竟何种因素在何种程度上影响到家族企业权力的配置并不十分清楚。

现有的研究与对家族企业的认识,并不足以让研究者针对以下的问题给出一个令人满意的答案:为什么有的家族企业会不断地纳入家族成员,让其参与企业的管理,拥有企业的股权,参与对企业的控制;而另外一些家族企业则会在发展过程中不断地吸收外部成员,让他们参与到企业的经营管理中,控制企业,甚至分享企业的所有权?上述问题的解决有利于我们更好地理解,在变革环境的压力下,为何有些家族企业能够更容易地对企业治理结构进行变革,从而提高企业的治理效率,以及如何帮助家族企业更好地实现企业治理结构的演变。为了更好地理解家族企业权力配置之"因",本书在家族企业是家族规则与企业制度的混合体的基本判断上,深入探讨了外部因素与内部因素如何导致家族企业治理结构的演

变,并得到了如下的主要研究结论:

第一,家族企业的治理制度,会随着制度环境和企业成长阶段的变化,而不断地发生适应性的变化。在治理结构方面,主要体现在企业内家族成员规模、家族权力、家族亲缘关系和家族意图四个方面。

第二,家族企业治理结构的演变,会受到企业外部组织的影响,这种影响的发生主要依赖于组织模仿这一机制。为了更好地应对变化中的外部环境,家族企业会不由自主地向其他企业学习。这种学习更多地表现为该企业对其所处行业与其所在地区中其他家族企业组织结构的模仿,从而逐步地获取家族企业组织形式的合法性。此外,这一模仿过程还受到组织自身学习能力的影响,学习能力越强的组织越容易学到其他家族企业组织结构方面的知识,从而导致这些家族企业会在合法性基础之上,更进一步地强化家族化控制。具体表现为企业内家族成员的不断增加,家族所掌握的企业权力的不断增加,企业纳入更多的具有近亲关系的家族成员,家族意图不断强化。

第三,家族企业治理结构的演变,不仅受到外部组织的影响,而且受到该组织所处的外部制度环境的影响。低效率制度环境导致家族企业主倾向于采用亲缘导向的权力配置模式,即通过纳入更多的家族成员强化家族对企业的控制,将家族权力配置给有亲缘关系的代理人,而不会倾向于引入外部职业经理人。本书通过研究得出以下结论:在家族制度结构演变过程中,创始人或创业家族不仅要关注企业生命周期、家族资源、代理成本等因素的作用和功效,而且要关注外部制度环境对权力动态配置过程的影响。

第四,家族资产往往是家族企业中占据主导地位的资产的来源,因此,家族企业的演变就不可避免地受到家族的影响。基于亲缘关系的家族成员常常会通过长期的合作,建立起基于家族关系的家族认同。同时,这种认同往往不断地强化企业中的家族意识,从而导致其家族化的程度不断加深。在这一过程中,企业会因为更强的家族认同,而导致制度环境的改善,从而减弱企业的去家族化作用。本书证实了这一假设。

第五,除了家族认同这一组织内因素,家族企业成员的企业认同也会影响到企业是否进行家族化或者社会化。本书研究发现,企业认同会强化制度环境与家族化之间的负关系。也就是说,企业认同水平越高,制度环境对家族企业的社会化演变趋势的影响越显著。这可能是由于成员的组织认同水平越高的企业,自身会更重视为普通员工提供更多的晋升机会,家族企业的社会化属性就越强。这具体表现为家族成员规模的缩小、家族权力的减弱、企业会选择具有远亲关系的家族成员,以及家族意图的降低。

6.2 研究启示

尽管就世界范围而言,家族企业中有许多长寿的,如根据美国的《家族企业》(*Family Business*)杂志报道,世界上现存的最古老的家族企业是成立于 578 年的日本 Kongo Gumi 建筑公司。欧洲强国如德国、法国和英国,以及现在世界上最大的经济体美国都有一些成立于 19 世纪之前的家族企业,如美国历史最悠久的家族企业 Zildjian 公司就成立于 1623 年。然而在亚洲地区,很少出现既长寿又有超强经济或技术实力的家族企业,特别是 100 年以上的长寿企业更为稀少,这在相当大的程度上是亚洲本身的"人治"所导致的结果,也是亚洲与欧美国家企业制度的本源差别。

中国的家族企业是在一个制度高度不完善、充满了机会主义的市场中快速成长起来的,它为推动社会经济发展做出了重要贡献,然而与西方成熟的家族企业不同,中国的家族企业大多还处于创业阶段,第一代创始人基本上还在位或把控着企业关键性的控制权。因此,这阶段的家族企业更多地可以归类为由家族企业主(创始人)控制的企业,企业主的个人影响力或企业家能力是决定企业成长的关键要素。中国的家族企业大多并未严格按照公司法和相关法律的要求对自身的经营管理活动进行规范,从而导致企业高层主管中,至少有两位属于上述家族成员,其中一般包括财务主管或人事主管,进而在管理层中,形成了非嫡系不用的惯例。这些也导致中国的家族企业面临着两个方面的发展困境:家族企业股权状况不明晰,企业的决策活动被家族成员控制。

家族企业股权状况不明晰,往往让企业主在亲情与事业之间难以调和,甚至会使家族成员间关系失和,使企业难以得到长期发展所需的足够资源,从而导致企业发展缓慢,逐渐被市场抛弃,并最终导致企业的破产或转让。

此外,企业的决策活动被家族成员控制,外部成员很少能够进入家族企业的决策层,这进而至少导致以下两种恶果:第一,决策的质量得不到保障。在家族企业的高速发展过程中,伴随着企业利润大幅上升、市场份额不断扩展的是企业经营决策的日趋复杂化和多样化,企业需要在日趋复杂的环境中迅速地做出决策,这就对企业经营管理层的人员结构和素质提出了较高的要求。然而家族制企业中大多数重要的董事会席位或其他岗位,都由家族成员担任,但由家族成员所组成的人力资本储备量是相当有限的,很难满足复杂市场的要求。第二,难以调动员工的积极性,同时,也难以留住企业的核心员工。外部人员在发现难以融入企业核心层后,通常会懈怠工作,甚至会对企业的工作产生抵触情绪,进而导致家族企业难以获得长期的、稳定的发展。

因此,对于大多数家族企业而言,为了能够实现企业的稳健成长,它们需要主动地对现有的企业产权制度与治理结构进行调整,从而产生治理机制的"非家族化"倾向。因而,如何在合适的条件下,用最小的代价实现家族企业的"去家族化"和"社会化"就成了一个具有极强实践意义的热点问题。与以往的研究不同,本书重点考虑导致家族化出现的缘由,即探讨对企业治理结构演变有重要影响的组织模仿与组织认同这两个因素,以及企业自身的学习能力与制度环境差异对上述因素的调节作用,从而构建出一个较为完整的理论模型,并通过实证分析对这一模型进行了检验。

本书从对内外部前因变量的分析入手,对家族企业治理结构演变的作用机制进行了深入的探讨:

第一,本书证实了组织模仿对企业家族化有着非常重要的影响。为了实现家族企业的"去家族化",处于家族企业聚集地的企业必须开阔视野,关注其他地区的企业的治理结构,向采用现代治理结构的企业学习,并模仿这些企业恰当的做法。这种方式能够降低原产业或地区对企业的经营方式与经营理念的影响与束缚,从而使其逐渐摆脱因对其他家族企业的模仿所导致的家族化程度加深的困境。

第二,本书发现,组织的学习能力能够对上述因素的作用进行调节。由于模仿从本质上说就是企业的一种学习行为,企业自身学习能力的强弱将会影响企业对其他家族企业模仿的成效,拥有较强的学习能力的企业能够更容易地将其他成名的家族企业的治理结构变成自己的治理结构,但是这也可能会导致组织模仿的作用被放大。

第三,本书突破了以往研究中将"制度"视为背景因素的局限,从制度环境的视角分析了家族企业治理结构的演变。研究发现,在低制度效率背景下,家族企业的发展缺乏较强的制度支持,企业倾向于强化家族控制,会将企业权力和股份配置给那些拥有较多家族资本的代理人。企业家族化加深在一定程度上是为了更好地应对外部的风险的增加。企业主需要从家族中获得更大的心理与经济支持以抵御风险,因而在企业中反映为家族的成员占据更多的、更核心的位置。从总体上来看,外部制度环境越差,企业家族化的程度越会进一步加深;而外部制度环境越规范,企业就越可能采取社会化的治理结构,从而谋求企业的长期发展。

第四,本书的结论表明,家族认同与企业认同会对制度环境与企业家族化间的关系起到截然相反的影响。家族认同往往会让家族企业进一步家族化;而企业认同则恰恰相反,员工对企业的认同会让家族企业向社会化治理结构转变,企业的创始人或创业家族会更多地考虑员工的利益诉求。同时,企业认同能够帮助企业处于更为稳定的发展环境中,因此,企业更可能采纳社会化的治理结构,从而强化企业的社会化演变趋势。

本书有着重要的理论意义:第一,以往的研究大多关注家族企业的权力配置与效率问题,然而本书是从家族企业现有权力配置出现的缘由角度进行分析,将组织学习能力作为企业治理结构演变的一个重要因素,发现对其他家族企业进行组织模仿是企业进一步家族化的重要原因。在这一过程中,企业学习能力的强弱在一定程度上影响了这一模仿过程成效的大小。第二,以往的大多数研究都是基于委托代理理论、资源能力理论等探讨家族企业内部的权力配置问题,但并不能很好地解释不同制度背景条件下家族企业绩效及家族企业内部治理结构演变过程中存在的差异问题。(Davis,2005)本书基于制度理论的视角,将制度环境作为家族企业治理结构演变的前因,探讨家族企业所处的制度环境差异对其自身治理结构演变的影响。本书从实证的角度,回答了为何家族企业会出现这种公司治理结构而不是其他结构的问题,让读者更深刻地理解家族企业,并弥补了以往研究在解释这一问题方面存在的不足。

本书的研究成果也有较强的实践指导意义,如对组织学习能力与制度环境的研究结论可以用来很好地解释,为何同样是长三角地区,浙江与江苏的企业模式存在着巨大的差异。浙江与江苏常常被拿来做比较,除产业结构的差异之外,这两个地区的企业所有制结构也是造成它们发展速度不同的重要原因。其中,浙江企业的典型代表模式是"温州模式",这些企业本质上都是由家族管理,以个体私人经济为主;江苏企业的典型代表模式则是"苏南模式",经营者队伍经历了几次大规模的整合,企业由最初的村镇经济、集体所有制经济,发展为本质上是私人承包公共财产的模式,再逐渐演化成了当下的企业家主导模式。从上述两个极有代表性的地区的企业制度演变过程就可以看出,企业的成长在很大程度上受制于其所处的外部环境。这一演变过程如下:首先,企业所处的制度环境存在差异,即不同地区在法律执行力度、产业环境、经理人市场和金融市场等制度因素方面存在较大的差异,由此产生了两个地区不同的企业治理结构的基本模式;其次,由于中国家族企业的外部环境经常处于变化中,有时甚至是剧烈的变动,为了更好地应对这些变化,一些领头的企业通过适应性选择取得了成功,进而引起了同地区其他企业的竞相效仿,从而让这种企业治理结构不断得到传播、加深与巩固;然后,由于这种企业治理结构已经获得了当地商业人士的认可,新创业者就不可避免地会去模仿这种被证明有效的模式;最后,形成了当地企业最为基本的企业治理模式,并被现有企业和新企业不断地加以巩固。

尽管上述内容解释了为何在相邻的地区出现两种截然不同的企业治理结构,但是仅仅知道问题的起源与其发展过程,并不意味着问题的解决,反而是解决问题的开始,综合运用本研究的结论能够在一定程度上解决家族企业"去家族化"的问题。本书已经证实组织模仿、制度环境能够显著地影响企业的治理结构演变,这就给试图将家族企业向社会化方向转变的企业主提供了一些方向。首先,把自己与家族的视野放宽、放广,在学习其他企业的经验时,不要仅仅局限于相同的产业或地区,还要向其他行业与地区中,在某些阶段与自身情况相似的优秀企业学习,并在大方向不动摇的同时,有选择、有层次地进行组织模仿。其次,企业需要结合外部制度环境的特点来确定治理结构的动态演变过程。企业的外部制度环境是企业内部制度安排的约束条件,外部制度影响家族企业内部治理结构模式的选择和转化方向,企业主在确定内部权力配置机制时要充分考虑外部制度环境的特点,以达到一种内部机制与外部制度环境相适应的均衡状态。基于亲缘关系导向的权力配置模式被视为对低效率外部制度环境的一种有效的、非正式制度安排的补充。在外部正式制度环境无法有效地为企业发展带来所需的各种资源,无法有效地为企业的生产活动和利益提供保护和支持,无法形成完善的职业经理人市场,而使企业面临巨大的发展约束、经营风险和不确定性的情况下,基于亲缘关系导向的权力配置模式作为一种非正式制度安排将有利于克服上述低效率外部制度环境的负面效应问题,这体现了正式制度和非正式制度的有效结合。

本书的研究也为家族企业的管理者与策略制订者提供了一些重要信息。对于家族企业的管理者而言,尽管家族企业从对内对外都依赖亲缘关系的不规范式操作向完全规范化、制度化的治理结构的转变过程是其为了实现长久存续与发展所必须经历的演变历程,但是在实际生活中,许多家族企业尚未完成这一阶段就消亡了,这在一定程度上是因为这些企业制度变化频繁,并且受到资源获取、交易成本等各方面因素的制约。企业在创办之初大量利用了家族成员的资源,然而这些资源在并没有很好地被量化的时候就已经投入家族企业中,因此,企业在后期进行交割的过程中就会出现很多矛盾,难以真正地做到股权明晰。公司治理行为绝非单个公司孤立的行为,而应是深深地嵌入制度环境之中的行为。不同治理结构对企业的治理效率产生不同程度的影响,而治理结构的演变过程会受到外部制度环境的影响,如此在实践运作过程中,就不能简单地认为某种治理结构模式一定是最优的或永久性地适用于该企业的,而是要根据企业所处的外部制度环境的特点,从企业外部层面来考察公司治理,权衡在家族代理人和非家族代理人之间进行权力配置的收益和成本,从而确定一个与组织内部外部治理环境较为"适合"的演变方式。同时,这也要求相关企业策略制订者必须考虑到企业策略的可延续性,还要考虑到如何解决中小企业的资源获取难题。对于家族企业的创始人而言,可以通过改变企业的组织模仿对象,加深员工的组织认同程度,在一定程度上弱化家族认同,使企业在发展到一定时期后,更好地实现向社会化治理模式的转型。

6.3 研究的创新点

本书有以下三方面的创新：

第一，本书在分析国外家族企业的治理结构演变过程的基础上，结合中国家族企业治理结构演变的特征，并以中国家族企业治理结构演变的过程为对象进行研究，提出了家族企业治理结构演变前因的研究框架。家族企业治理结构演变这一动态过程蕴含了许多独特的现象，存在一些看似简单却很有挑战性的问题，如中国家族企业的演变过程与发达国家家族企业的演变过程是否相似？创始人创立企业后，让家族成员参与管理和持有股份，之后随着企业的发展，企业的权力和职位会重新配置和转变，在此动态过程中，是什么因素决定了家族企业权力和职位配置的不断变化？在创始人、创业家族、外部职业经理人和利益相关者等不同利益群体间进行权力分配时，是基于一种怎样的分配方式？家族企业治理制度的演变过程并不是一个独立的过程，它反映的是一种在家族价值观指导下的企业行为与其赖以生存的制度环境之间的一个相互作用关系，也就是说，家族企业治理制度的演变过程，是与制度因素相互作用的结果。之前许多学者的研究先验地把家族企业这种组织形态视为外生的且静态的，而忽视了其动态演变过程，而本书的研究着力于关注家族企业治理制度的演变过程，从更深层次的角度挖掘中国家族企业的制度变化，这具有较强的创新性。

第二，从制度理论的视角，本书的研究可以被视为对"家族企业治理制度再生产"如何发生的一次研究，通过检验两种不同的组织模仿形式——行业模仿和地区模仿，说明它们可以将一种制度的演化从一个或一些组织传播到另外一个组织。基于制度理论的解释，是对家族企业问题研究的全新视角的拓展，本书的研究结论与对新制度主义理论的几个传统的预测是一致的，并且在其基础上，对模仿形式进行了深入的探讨。具体来说，同一个行业和相同地区这两个特性都能提高模仿效率，这些基于行业模仿和地区转型的研究有效地拓展了制度理论的研究范畴，增加了制度研究的内容清单，表明制度理论的价值在以家族企业为样本群、以其治理结构演变过程为对象的研究中仍然具有深刻的意义。此外，制度理论回答的主要问题是为何组织变得越来越相似,但本书着力探讨的是制度因素在组织制度演变的过程中所起的作用,结果反映了制度的演变过程不仅可能产生趋同,而且会产生差异。当然这种差异实际上体现的是趋同过程中的速度和结构上的差异。这一结论有效地丰富了制度理论。

第三,本书拓展了以往研究的深度。首先,对于学习能力而言,组织学习能力对企业绩效的积极影响、作用已经得到了广泛的认可。(He et al.,2004)虽然很多学者认为,组织学习对企业绩效的提高起到了非常重要的作用,但关于学习能力对家族企业的作用,极少有研究能给出实证结果。家族企业与非家族企业在资源配置、决策方式及行为特点上都存在着一定的差异性(贺小刚等,2009),因此,以往有关组织学习对企业绩效的影响,是否完全适用于家族企业,是值得进一步探讨的问题。此外,更为重要的是,一些学者对学习能力与企业绩效之间的关系进行了深入探讨,回答了"学习能力是什么"和"学习能力的效果"等问题,但对"如何构成学习能力与其他结果之间的关系"等问题还鲜有研究,并且极少有研究给出实证结果。因此,如何构成关系这一问题的研究前景仍十分广阔。本书便从企业行为层面出发,以其制度结构的演变为切入点,探讨组织学习在家族企业制度演变过程中的作用,这具有较强的创新性。此外,在探讨家族企业治理制度演变的过程中,本书的研究拓展了治理结构演变的内涵。关于家族企业的治理机制,以往较多的研究反映的是家族对企业资源的控制水平、对企业资本所有权的掌握、对企业经营管理权的支配,而本书将家族成员亲缘关系和家族意图等纳入研究的框架,考虑了家族成员间亲缘关系的变化对企业发展可能产生的影响,还指出了家族意图的存在,即家族企业的目标与一般企业的目标并不完全相同,它不仅包含对企业效益的追求,而且还包括对以家族延续为核心的企业延续的追求,这些研究丰富了家族化的内涵。

6.4 研究的局限

尽管本书已经初步对影响家族企业治理结构演变过程的因素进行了分析,并取得了一定的成果,但是仍然存在一些不足和未来需要进行拓展的方面。

第一,本书更多的是从组织模仿与制度环境等方面进行分析,还有一些其他可能会影响到企业治理结构的因素,如企业最初的资源禀赋构成、企业家的文化与学识背景等并未涉及。为了能够更好地理解家族企业,并推动我国家族企业的长期、快速发展,笔者在未来会对治理结构演变的"前因"的构成与持续影响进行更深入的研究。

第二,本书实证研究的数据来源于上市家族企业的年报、官方网站及通过搜索引擎获取的二手数据,因此,在关键变量的测量方面,尚存在一定的困难。比如,对组织认同的测度在组织行为学领域拥有极为丰富的研究成果和测量量表,其中具有代表性的量表是 Mael et al. (1992)开发的一维度六个条目量表,该量表通过对"当有人批评公司时,我感觉受到了侮辱""公司的成功也是我个人的成功""我对其他人怎样看待公司很感兴趣"等六个条目的测度,来反映企业员工对所在企业的组织认同程度。然而,由于数据来源的限制,本书还无法对研究框架中的组织认同变量进行类似的测量。

第三,在研究对象上,本书主要选择上市家族企业,然而不可忽视的是,国有企业的治理结构演变也同样具有重要的研究意义,因此,笔者在未来的研究中需要对研究的样本进行进一步的丰富和补充,以更加深入地探讨企业 IPO 后的治理结构演变过程。

总而言之,这一领域的研究具有重要的意义和进一步完善的空间,仍有诸多问题有待积极探索。

参考文献

陈凌,2006.民营经济与中国家族企业成长[M].北京:经济科学出版社.

程仲鸣,夏新平,余明桂,2008.政府干预、金字塔结构与地方国有上市公司投资[J].管理世界(9)：37-47.

储小平,2004.华人家族企业的界定[J].经济理论与经济管理(1):49-53.

储小平,李怀祖,2003.信任与家族企业的成长[J].管理世界(6):98-104.

储小平,2002.职业经理与家族企业的成长[J].管理世界(4):100-108.

邓建平,曾勇,2005.上市公司家族控制与股利决策研究[J].管理世界(7):139-147.

费孝通,1985.乡土中国[M].北京:生活·读书·新知三联书店.

贺小刚,李婧,陈蕾,2010.家族成员组合与公司治理效率:基于家族上市公司的实证研究[J].南开管理评论,13(6):149-160.

贺小刚,李新春,连燕玲,2011.家族成员的权力集中度与企业绩效:对家族上市公司的研究[J].管理科学学报,14(5):86-96.

贺小刚,连燕玲,李婧,等,2010.家族控制中的亲缘效应分析与检验[J].中国工业经济(1):135-146.

贺小刚,连燕玲,2009.家族权威与企业价值:基于家族上市公司的实证研究[J].经济研究,44(4):90-102.

黄光国,1985.人情与面子:中国人的权力游戏[M].中国台北:桂冠图书公司.

黄囇莉,1999.人际和谐与冲突——本土化的理论与研究[M].中国台北:桂冠图书公司.

黄群惠,2000.控制权作为企业家的激励约束因素:理论分析及现实解释意义[J]. 经济研究,35(1):41-47.

雷丁,1993.海外华人企业家的管理思想:文化背景与风格[M].上海:生活·读书·新知三联书店上海分店.

李新春,胡骥,2000. 企业成长的控制权约束——对企业家控制的企业的研究[J]. 南开管理评论,3(3):18-23.

李新春,任丽霞,2004. 民营企业的家族意图与家族治理行为研究[J]. 中山大学学报(社会科学版),44(6):239-249.

李新春,1998. 中国的家族制度与企业组织[J]. 中国社会学季刊(香港)(8):109-120.

连燕玲,贺小刚,张远飞,2011. 家族权威的配置机理与功效:来自我国家族上市公司的经验证据[J]. 管理世界 (11):105-117.

潘红波,余明桂,2010. 政治关系、控股股东利益输送与民营企业绩效[J]. 南开管理评论,13(4):14-27.

苏启林,朱文,2003. 上市公司家族控制与企业价值[J]. 经济研究,38(8):36-45.

唐清泉,2002. 家族企业持续成功经营的挑战与应对方案[J]. 管理世界(9):123-130.

王华,黄之骏,2006. 经营者股权激励、董事会组成与企业价值——基于内生性视角的经验分析[J]. 管理世界 (9):101-116,172.

王明琳,周生春,2006. 控制性家族类型、双重三层委托代理问题与企业价值[J]. 管理世界(8):83-93.

王跃堂,赵子夜,魏晓雁,2006. 董事会的独立性是否影响公司绩效?[J]. 经济研究,41(5):62-73.

吴淑琨,柏杰,席酉民,1998. 董事长与总经理两职的分离与合一——中国上市公司实证分析[J]. 经济研究 (8):21-28.

徐莉萍,辛宇,陈工孟,2006. 股权集中度和股权制衡及其对公司经营绩效的影响[J]. 经济研究,41(1):90-100.

许倬云,1988.中国古代文化的特质[M].中国台北:联经出版事业公司.

杨春学,2001. 利他主义经济学的追求[J]. 经济研究,36(4):82-90.

杨国枢,2004.中国人的心理与行为:本土化研究[M].北京:中国人民大学出版社.

杨国枢,1981. 中国人的性格与行为：形成及蜕变[J]. 中华心理学刊,23(1):39-55.

叶明华,杨国枢,1998. 中国人的家族主义:概念分析与实证衡鉴[J]. 中央研究院民族学研究所集刊(83):169-225.

余明桂,回雅甫,潘红波,2010. 政治联系、寻租与地方政府财政补贴有效性[J]. 经济研究,35(3):65-77.

余明桂,潘红波,2010. 金融发展、商业信用与产品市场竞争[J].管理世界 (8):117-129.

余明桂,潘红波,2008. 政治关系、制度环境与民营企业银行贷款[J].管理世界 (8):9-21.

张厚义,侯光明,明立志,等,2005.中国私营企业发展报告 No.6(2005)[M]. 北京:社会科学文献出版社.

张维迎,1996. 所有制、治理结构及委托—代理关系——兼评崔之元和周其仁的一些观点[J].经济研究,31(9):3-15.

周其仁,1997. "控制权回报"和"企业家控制的企业":"公有制经济"中企业家人力资本产权的个案[J].经济研究,32(5):31-42.

AGRAWAL A, NAGARJAN N J, 1990. Corporate capital structure, agency cost, and ownership control: the case of all equity firm[J]. The journal of finance, 45(4):1325-1331.

ALDRICH H E, CLIFF J E, 2003. The pervasive effects of family on entrepreneurship: toward a family embeddedness perspective[J]. Journal of business venturing, 18(5):573-596.

ANDERSON R C, REEB D M, 2003. Founding-family ownership and firm performance: evidence from the S&P 500[J]. Journal of finance, 58(3):1301-1328.

ANG J S, COLE R A, LIN J W, 2000. Agency cost and ownership structure[J]. The journal of finance, 55(1): 81-106.

ARREGLE JEAN-LVC, HITT M A, SIRMON D G, et al. , 2007. The development of organizational social capital: attributes of family firms[J]. Journal of management studies, 44(1):73-95.

BAILEY D V, BISWAS B, KUMBHAKAR S C, et al. , 1989. An analysis of technical, allocative, and scafe inefficiency: the case of ecuadorian dairy farms[J]. Western journal of agricultural economics, 14(1):30-37.

BARNEY J B, 1986. Strategic factor markets: expectations, luck, and business strategy[J]. Management science, 32(10):1231-1241.

BARNEY J, 1991. Firm resources and sustained competitive advantage [J]. Journal of management, 17(1):99-120.

BAYSINGER B D, BUTLER H N, 1985. Corporate governance and the board of directors: performance effects of changes in board composition[J]. Journal of law, economics and organization,1(1):101-145.

BARTH E, GULBRANDSEN T, SCHONEA P, 2005. Family ownership and productivity: the role of owner-management[J]. Journal of corporate finance, 11(1-2):107-127.

BERTRAND M, MULLAINATHAN S, 2003. Enjoying the quiet life? corporate governance and managerial preferences[J]. Journal of political economy, 111(5):1043-1075.

BERTRAND M, SCHOAR A, 2003. Managing with style: the effect of managers on firm policies[J]. Quarterly journal of economics,118(4): 1169-1208.

BENNETT R, GABRIEL H, 2001. Reputation, trust and supplier commitment: the case of shipping company/seaport relations[J]. The journal of business and industrial marketing, 16(6): 424-438.

BIGRAS-POULIN M, MEEK A H, BLACKBURNB D J, et al., 1985. Attitudes, management practices, and herd performance: a study of ontario dairy farm managers, descriptive aspects[J]. Preventive veterinary medicine, 3(3):227-240.

BLOOM N, VAN R J, 2007. Measuring and explaining management practices across firms and countries[J]. Quarterly journal of economics,122 (4):1351-1408.

BORMAN W C, HANSON M A, OPPLER S H, et al., 1993. Role of early supervisory experience in supervisor performance[J]. Journal of applied psychology, 78(3):443-449.

BRICKLEY J C, COLES J A, TERRY R L, 1994. Outside directors and the adoption of poison pill[J]. Journal of financial economics, 35 (3), 371-390.

CAVES R E, PORTER M E, 1977. From entry barriers to mobility barriers: conjectural decisions and contrived deterrence to new competition [J]. Quarterly journal of economics, 91(2):241-261.

CHATTERJEE S, HADI A S, PRICE B, 2000. The use of regression analysis by example[R]. John Wiley and Sons.

CHEN M J, MILLER D, 2010. West meets east: toward an ambicultural approach to management[J]. Academy of management perspectives, 24(4): 17-24.

CHRISMAN J J, CHUA J H, ZAHRA S, 2003. Creating wealth in family firms through managing resources: comments and extensions[J]. Entrepreneurship theory and practice, 27(4):359-365.

CHRISMAN J J, CHUA J H, LITZ R, 2004. Comparing the agency costs of family and non-family firms: conceptual issues and exploratory evidence[J]. Entrepreneurship theory and practice, 28(4):335-354.

CHRISMAN J J, CHUA J H, STEIER L P, 2003. An introduction to theories of family business [J]. Journal of business venturing, 18(4): 441-448.

CHUA J H, CHRISMAN J J, SHARMA P, 1999. Defining the family business by behavior[J]. Entrepreneurship theory and practice, 23(2): 113-130.

CLAESSENS S, DJANKOV S, FAN J P H, et al., 2002. Disentangling the incentive and entrenchment effects of large shareholdings[J]. Journal of finance, 57(6):2741-2771.

CLAESSENS S, DJANKOV S, LANG L H P, 2000. The separation of ownership and control in East Asia corporations[J]. Journal of financial economics, 58(1-2):81-112.

COLEMAN J S, 1990. Foundation of social theory[M]. Cambridge, MA: The Belknap Press of Harvard University Press.

DAILY C M, DOLLINGER M J, 1992. An empirical examination of ownership structure in family and professionally managed firms[J]. Family business review,5 (2):117-136.

DAILY C M, JOHNSON J L, 1997. Sources of CEO power and firm financial performance: a longitudinal assessment [J]. Journal of management, 23(2):97-117.

DAVIS J H, SCHOORMAN F D, DONALDSON L, 1997. Towards a stewardship theory of management[J]. The academy of management review, 22(1):20-47.

DAVIS P, 1983. Realizing the potential of the family business[J]. Organizational dynamics, 12(1):47-56.

DEANGELO H, DEANGELO L, 1985. Managerial ownership of voting rights: a study of public corporation with dual classes of common stock [J]. Journal of financial economics, 14(1):33-69.

DEMSETZ H, 1983. The structure of ownership and the theory of the firm[J]. The journal of law and economics, 26(2):375-390.

DEMSETZ H, LEHN K, 1985. The structure of corporate ownership: causes and consequences[J]. Journal of political economy, 93 (6): 1155-1177.

DEMERJIAN B L, SARAH M, 2006. Managerial ability and earnings quality[R]. Working Paper.

DYER J H, SING H, 1998. The relational view: cooperative strategy and sources of inter organizational competitive advantage [J]. The academy of management review, 23(4):660-679.

EDDLESTON K A, KELLERMANNS F W, 2007. Destructive and productive family relationships: a stewardship perspective[J]. Journal of business venturing, 22(4): 545-565.

EDDLESTON K A, OTONDO R F, KELLERMANNS F W, 2008. Conflict, participative decision-making, and generational ownership dispersion: a multilevel analysis [J]. Journal of small business management, 46(3):456-484.

EISENHARDT K M, 1989. Agency theory: an assessment and review [J]. Academy of management review, 14(1):57-74.

ENSLEY M D,PEARSON A W,AMASON A C, 2002. Understanding the dynamics of new venture top management teams cohesion, conflict, and new venture performance[J]. Journal of business venturing, 17(4): 365-386.

ENSLEY M D, PEARSON A W, 2005. An exploratory comparison of the behavioral dynamics of top management teams in family and nonfamily new ventures: cohesion, conflict, potency, and consensus[J]. Entrepreneurship theory and practice, 29(3):267-284.

ESHEL I, SAMUELSON L, SHAKED A, 1998. Altruists, egoists, and hooligans in a local interaction model [J]. American economic review, 88(12):157-179.

FACCIO M, LARRY P H L, 2002. The ultimate ownership of western European corporations [J]. Journal of financial economics, 65 (3): 365-395.

FAMA E F, JENSEN M C, 1983. Separation of ownership and control [J]. Journal of law and economics, 26(2):301-325.

FAN J P H, WONG T J, ZHANG T, 2014. Politically connected CEOs, corporate governance, and the post-IPO performance of China's newly partially privatized firms[J]. Journal of financial economics, 26 (3):85-95.

FIEGENER M K, 2010. Locus of ownership and family involvement in small private firms[J]. Journal of management studies, 47(2):296-321.

FLANNERYA M J, RANGAN K, 2006. Partial adjustment towards target capital structures[J]. Journal of financial economics, 79 (3): 459-506.

FORD A S, SHONKWILER J S, 1994. The effect of managerial ability on farm financial succes [J]. Agricultural and resource economics review, 23(2):103-117.

FRANCESCO C, 2008. The creation, sharing and transfer of knowledge in family business[J]. Journal of small business and entrepreneurship, 21(4):413-434.

FRIEDMAN S D, 1991. Sibling relationships and intergenerational succession in family firms[J]. Family business review, 4(1):3-20.

GALLO M A, VILASECA A, 1996. Finance in family business[J]. Family business review, 9(4):387-401.

GERSICK K E, DAVIS J A, HAMPTON M M, et al., 1997. Generation to generation: life cycles of the family business [M]. Brighton : Harvard Business School Press.

LOIS R, MANUEL NUNEZ-NICKEL, ISABEL G, 2001. The role of family ties in agency contracts[J]. Academy of management journal, 44(1):81-95.

GOFFEE R, SCASE R, 1985. Proprietarily control in family firms: some functions of quasi-organic management systems[J]. Journal of management, 22(3):53-68.

GOYAL V K, PARK C W, 2002. Board leadership structure and CEO turnover[J]. Journal of corporate finance, 8(1):49-66.

GREEN W H, 1997. Econometric Analysis [M]. 3rd . New Jersey : Prentice-Hall.

GUJARATI D N, 1995. Basic Econometrics [M]. 3rd. New York : McGraw-Hill Inc.

HABBERSHON T G, WILLIAMS M L, 1999. A resource-based framework for assessing the strategic advantages of family firms[J]. Family business review, 12(1):1-25.

HABBERSHON T G, WILLIAMS M L, MACMILLAN I C, 2003. A unified systems perspective of family firm performance[J]. Journal of business venturing, 18(4):451-465.

HAMILTON L C, 2007. Statistics with STATA [M]. Duxbury Resource Center.

HANSEN M H, PENRY L T, REESE C S, 2004. A bayesian operationalization of the resource-based view[J]. Strategic management journal, 25（13）:1279-1295.

HARALD M F, POLLOCK T G, 2004. Effects of social capital and power on surviving transformational change: the case of initial public offerings [J]. Academy of management journal, 47(4):463-481.

HERMALIN B E, WEISBACH M S, 1998. Endogenously chosen boards of directors and their monitoring of the CEO [J]. The american economic review, 88(1):96-118.

HOFER C W, CHARAN R, 1984. The transition to professional management: mission impossible? [J]. American journd of small business, 9(1):1-11.

HOLCOMB T R , MICHEAL R H J,CONNELLY B L, 2009. Making the most of what you have-managerial ability as a source of resource value creation[J]. Strategic management journal, 30(5):457-485.

HOLDERNESS C G, SHEEHAN D P, 1988. The role of majority shareholders in publicly held corporations: an exploratory analysis[J]. Journal of financial economics, 20(1-2):317-346.

HOLLAND P G, BOULTON W R, 1984. Balancing the family and the business in family business[J]. Business horizons, 27(2):16-21.

HOLTZ-EAKIN D, JOULFIAN D, ROSEN H S, 1993. The carnegie conjecture: some empirical evidence [J]. The quarterly journal of economics, 108(2):413-435.

HOY F, VERSER T, 1994. Emerging business, emerging field: entrepreneurship and the family firm[J]. Entrepreneurship theory and practice, 19(2):9-24.

HUEGENS P P M A R , VAN O J H, VAN E M, 2009. Meta-analyzing ownership concentration and firm performance in asia: towards a more fine-grained understanding [J]. Asia pacific journal of management, 26(3)418-512.

HWANG K K, 1987. Face and favor: the Chinese power game[J]. American journal sociology, 92(4):944-974.

JOHANNISSON B, HUSE M, 2000. Recruiting outside board members in the small family business: an ideological challenge [J]. Entrepreneurship and regional development, 12(4):353-378.

JENSEN M B, MECKLING W H, 1976. Theory of the firm: managerial behavior, agency cost and ownership structure[J]. Journal of financial economics, 3(4):305-360.

JONES B F, OLKEN B A, 2005. Do leaders matter? national leadership and growth since World War II[J]. Quarterly journal of economics, 120 (3):835-864.

JOHANNISSON B, HUSE M, 2000. Recruiting outside board members in the small family business: an ideological challenge [J]. Entrepreneurship and regional development, 12(4):353-378.

KARRA N, TRACEY P, PHILLIPS N, 2006. Altruism and agency in the family firm: exploring the role of family, kinship, and ethnicity[J]. Entrepreneurship theory and practice, 30(6):861-877.

KELLERMANNS F W, EDDLESTON, KIMBERLY A, 2007. A family perspective on when conflict benefits family firm performance[J]. Journal of business research, 60(10): 1048-1057.

KOR Y Y, MAHONEY J T, 2005. How dynamics, management, and governance of resource deployments influence firm-level performance [J]. Strategic management journal, 26(5):489-496.

KUMBHAKAR S C, 1991. Generalized production frontier approach for estimating determinants of inefficiency in U. S. dairy farms[J]. Journal of business and economic statistic, 9(3):270-286.

PORTA R L, LOPEZ-DE-SILANES F, SHLEIFER A, 1999. Corporate ownership around the world[J]. Journal of finance, 54(2) 471-517.

PORTA R L, LOPEZ-DE-SILANES F, SHLEIFER A, et al., 1999. The quality of government[J]. Journal of law economics and organization, 15(1): 222-279.

LANSBERG I S, 1983. Managing human resources in family firms: the problem of institutional overlap[J]. Organizational dynamics, 12(1):39-

46.

LEE K S, LIM G H, LIM W S, 2003. Family business succession: appropriation risk and choice of succession [J]. Academy of management review, 28(4):657-666.

LEMMON M L, LINS K V, 2003. Ownership structure, corporate governance, and firm value: evidence from the east asian financial crisis [J]. The journal of finance, 58(4): 1445-1468.

LING Y, LUBATKIN M, SCHULZE B, 2001. Altruism, utility functions and agency problems at family firms [J]. Strategies and organizations in transition, 5(2):171-188.

LITZ R, 1995. The family business: toward definitional clarity [J]. Academy of management, 8(2):100-104.

LU Y H, 2001. The "bosss wife" and Taiwanese small family business [J]. Women's Working Lives in East Asia.

LUBATKIN M H, SCHULZE W S, LING Y, et al. , 2005. The effects of parental altruism on the governance of family-managed firms [J]. Journal of organizational behavior, 26(3):313-330.

MAHONEY J T, 1995. The management of resources and the resource of management [J]. Journal of business research, 33(2):91-101.

MAKADOK R, 2003. Doing the right thing and knowing the right thing to do: why the whole is greater than the sum of the parts [J]. Strategic management journal, 24(10): 1043-1055.

MALMENDIER U, TATE G, 2005. CEO overconfidence and corporate investment [J]. Journal of finance, 60(6):2661-2700.

MAURY B, 2006. Family ownership and firm performance: empirical evidence from western european corporations [J]. Journal of corporate finance, 12(2):321-341.

MCCONAUGBY D L, MATTHEWS C H, FIALKO A S, 2001. Founding family controlled firms: performance, risk, and value [J]. Journal of small business management, 39(1): 31-49.

MINICHILLI A, CORBETTA G, MACMILLAN I C, 2010. Top

management teams in family-controlled companies: 'familiness', 'faultlines', and their impact on financial performance[J]. Journal of management studies, 47(2): 67-89.

MILLER D, LE BRETON-MILLER I, SCHOLNICK B, 2008. Stewardship vs. stagnation: an empirical comparison of small family and non-family businesses[J]. Journal of management studies, 45(1):51-78.

MORCK R B, YEUNG B, YU W, 2000. The information content of stock markets: why do emerging markets have synchronous stock price movements[J]. Journal of financial economics, 58(1):215-260.

MORCK R, YEUNG B, 2003. Agency problems in large family business groups [J]. Entrepreneurship theory and practice, 27 (4): 367-382.

MORCK R, YEUNG B, 2004. Family control and the rent seeking society[J]. Entrepreneurship theory and practice, 28 (4):391-409.

MORCK R, SHLEIFER A, VISHNY R W, 1988. Management ownership and market valuation: an empirical analysis[J]. Journal of financial economics, 20(3):293-315.

MYKRANTZ J L, HAREM L G, CONDOR L J, 1990. An analysis of selected management practices and demographic characteristics of michigan dairy farms[J]. Agricultural economics report,44: 537.

NONAKA I, TAKEUCHI H, 1995. The knowledge-creating company: how Japanese companies create the dynamics of innovation[M]. New York: Oxford University Press.

O'DONOGHUE T, RABIN M, 2000. The economics of immediate gratification[J]. Journal of behavioral decision making, 13(2):233-250.

PEARSON A, CARR J C, SHAW J C, 2008. Toward a theory of familiness: a social capital perspective[J]. Entrepreneurship theory and practice, 32(6):949-969.

PENG M W, 2003. Institutional transitions and strategic choices[J]. Academy of management review, 28(2):275-296.

PENG M W, SUN S L, PINKHAM B, et al. , 2009. The institution-based view as a third leg for a strategy tripod [J]. Academy of management perspectives, 23(3): 63-81.

PENG M W, JIANG Y, 2010. Institutions behind family ownership and control in large firms[J]. Journal of management studies, 47(2): 253-273.

PENG M W, WANG D, JIANG Y, 2008. An institution-based view of international business strategy: a focus on emerging economies[J]. Journal of international business studies, 39(5):920-936.

PENROSE E, 1959. The theory and growth of the firm[M]. New York :Oxford University Press.

PEREDO A M, 2003. Nothing thicker than blood? commentary on "help one another, use one another: toward an anthropology of family business"[J]. Entrepreneurship theory and practice, 27(4):397-400.

PEREZ-GONZALEZ F, 2006. Inherited control and firm performance [J]. American economic review, 96(5):1559-1588.

PETERAF M A, 1993. The cornerstones of competitive advantage: a resource-based view[J]. Strategic management journal, 14(3): 179-191.

PETERSEN M A, 2009. Estimating standard errors in finance panel data sets: comparing approaches[R]. The review of financial studies, 22 (1):435-480.

RECHNER P L, DALON D R, 1991. CEO duality and organizational performance: a longitudinal analysis[J]. Strategic management journal, 12(2):155-160.

ROSE N, SHEPARD A, 1994. Firm diversification and CEO compensation: managerial ability or executive entrenchment? [R]. Nber Working Papers, 28(3):489-514.

SCHULZE W S, LUBATKIN M H, DINO R N, 2003. Toward a theory of agency and altruism in family firms[J]. Journal of business venturing, 18(4):473-490.

SCHULZE W S, LUBATKIN M H, DINO R N, 2003. Exploring the agency consequences of ownership dispersion among the directors of private family firms[J]. Academy of management journal, 46 (2): 179-194.

SCHULZE W S, LUBATKIN M H, DINO R N, 2002. Altruism, agency, and the competitiveness of family firms[J]. Management and decision economic, 23(4):247-259.

SCHULZE W S, LUBATKIN M H, DINA R N, et al., 2001. Agency relationships in family firms: theory and evidence[J]. Organization science, 12(2):99-116.

SHARMA P, CHRISMAN J J, CHUA J H, 2003. Succession planning as planned behavior: some empirical results[J]. Family business review, 16(1):1-15.

SHARMA P, CHRISMAN J J, CHUA J H, 1997. Strategic management of the family business: past research and future challenges [J]. Family business review, 10(1):1-35.

SHLEIFER A, VISHNYR W, 1997. A survey of corporate governance [J]. The journal of finance, 52(2):737-783.

SILVA A, 2010. Managerial ability and capital flows[J]. Journal of development economics, 93(1):126-136.

SIMON D, HITT M, 2003. Managing resources: linking unique resources, management, and wealth creation in family firms [J]. Entrepreneurship theory and practice, 27(4):339-358.

SIMON H A, 1993. Altruism and economics[J]. American economic review, 83(2): 156-161.

STARK O, FALK I, 1998. Transfers, empathy formation, and reverse transfers[J]. American economic review, 88(2):271-276.

SORENSON R L, 1999. Conflict management strategies used in successful family businesses [J]. Family business review, 12 (2): 325-339.

STEWART A, 2003. Help one another, use one another: toward an anthropology of family business [J]. Entrepreneurship theory and practice, 27(4):383-396.

STEFANOU S E，SAXENA S，1988. Education，experience，and allocative efficiency：a dual approach [J]. American journal of agricultural economics，70(2)：338-345.

STEIER L P，2009. Familial capitalism in global institutional contexts：implications for corporate governance and entrepreneurship in East Asia [J]. Asia pacific journal of management，26(3)：513-535.

SUMNER D A，LEIBY J D，1987. An econometric analysis of the effects of human capital on size and growth among dairy farms[J]. American journal of agricultural economics，69(2)：465-470.

SUNG W J，2003. Corporate governance and firm profitability：evidence from korea before the economic crisis[J]. Journal of financial economics，68(2)：287-322.

THALER R，SHEFRIN H，1981. An economic theory of self-control [J]. Journal of political economy，89(2)：392-410.

TSANG E W K，2002. Learning from overseas venturing experience：the case of chinese family businesses[J]. Journal of business venturing，17 (1)：21-40.

VAN D B L A A，CARCHON S，2003. Agency relations within the family business system：an exploratory approach [J]. Corporate governance：an international review，11(3)：171-179.

VILLALONGA B，AMIT R H，2006. How do family ownership，control and management affect firm value? [J]. Journal of financial economics，80(2)：385-417.

WIWATTANAKANTANG Y，2001. Controlling shareholders and corporate value：evidence from Thailand [J]. Pacific-Basin finance journal，9(4)：323-362.

WOOLDRIDGE J M，2002. Econometric analysis of cross section and panel data[M]. Cambridge，MA：MIT Press.

WOOLDRIDGE J M，2003. Solutions manual and supplementary materials for econometric analysis of cross section and panel data[M]. Cambridge，MA：MIT Press.

WOOLDRIDGE J M, 2006. Introductory econometrics: a modern approach[M]. Ohio: South-Western College Publishing.

XU X N, WANG Y, 1999. Ownership structure and corporate governance in Chinese stock companies[J]. China economic review, 10 (1):75-98.

YANG K S, 2003. The psychology of the Chinese people[M]. New York: Oxford University Press.

YOSHIKAWA T, RASHEED A A,2010. Family control and ownership monitoring in family-controlled firms in Japan [J]. Journal of management studies, 47(2):274-295.

ZAHRA S A, 1991. Predictors and financial outcomes of corporate entrepreneurship: an exploratory study [J]. Journal of business venturing, 6(4):259-285.

ZAHRA S A, 2003. International expansion of US manufacturing family businesses: the effect of ownership and involvement[J]. Journal of business venturing, 18(4):495-512.

ZAHRA S A, 2005. Entrepreneurial risk taking in family firms[J]. Family business review, 18(1):23-40.

ZAHRA S A, 2010. Harvesting family firms' organizational social capital: a relational perspective[J]. Journal of management studies, 47 (2):111-123.